Johann Wolfgang Goethe
Die Tafeln zur Farbenlehre und deren Erklärungen

Mit einem Nachwort
von Jürgen Teller

Insel Verlag

Insel-Bücherei Nr. 1140

Johann Wolfgang Goethe

Die Tafeln zur Farbenlehre und deren Erklärungen

Diese Tafeln, ob sie gleich das Werk nur desultorisch begleiten und in diesem Sinne als fragmentarisch angesehen werden können, machen doch unter sich ein gewisses Ganze, das seine eigenen Bezüge hat, welche herausgehoben zu werden verdienen. Nicht weniger ist es bequem und belehrend, für jede einzelne Tafel einen kurzen Kommentar zu finden, in welchem dasjenige, was sie leisten soll, auseinandergesetzt wird. Hierdurch erleichtert sich der Gebrauch derselben und man wird sie sodann sowohl jenen Stellen, wo sie angeführt sind, gemäßer, als auch den ganzen Vortrag anschaulicher und zusammenhängender finden. Wir gehen sie der Reihe nach durch und bemerken dabei teils was uns darin geleistet scheint, teils auch was noch zu wünschen wäre.

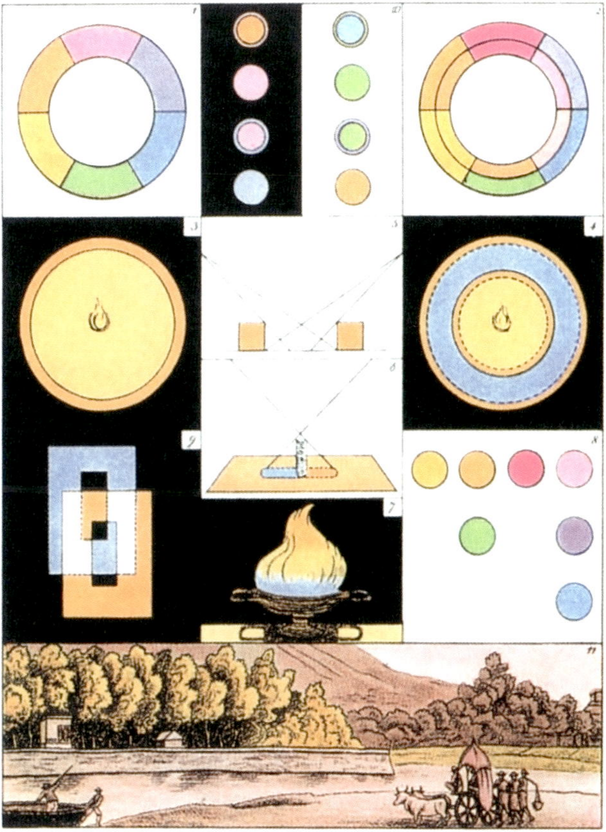

Erste Tafel

Erste Tafel

Erste Figur. Das einfache, aber doch zur Erklärung des allgemeinen Farbenwesens völlig hinreichende Schema. Gelb, Blau und Rot sind als Trias gegen einander über gestellt; eben so die intermediären, gemischten oder abgeleiteten. Dieses Schema hat den Vorteil, daß alle gezogenen Diameter des Zirkels ohne weiteres die physiologisch geforderte Farbe angeben. Will der Liebhaber weiter gehen, und einen solchen Kreis stetig und sorgfältig durchnüancieren; so wird dasjenige was hier nur dem Begriff, dem Gedanken überlassen ist, noch besser vor die Sinne zu bringen sein. Die nachfolgenden Figuren sind meistens physiologischen Erscheinungen gewidmet, die wir nunmehr, nach der Ordnung unsers Entwurfs und nicht nach den hier angeschriebenen Zahlen erläutern.

Zehnte Figur. Stellt vor, wie das abklingende blendende Bild, wenn das Auge sich auf einen dunklen oder hellen Grund wendet, nach und nach die Farben verändert und auf eine oder die andere Weise im entschiedenen Gegensatze abklingt.

Sechste Figur. Vorrichtung und Phänomen, wie die blauen und gelben Schatten bei der Morgen- und Abenddämmerung zu beobachten sind (E. 70).

Fünfte Figur. Bei erstgedachter Vorrichtung stand der schattenwerfende Körper in der Mitte. Hier sind zwei Körper zu beiden Seiten angebracht. Diese Zeichnung ist als der Durchschnitt einer Vorrichtung anzusehen, die man sich leicht verschaffen kann.

Neunte Figur. Phänomen zu E. 80. Ein schwarzer Streif auf einer weißen Fläche gegen ein mit blauem

Wasser gefülltes Gefäß, dessen Boden spiegelartig ist, gehalten, gibt ein Doppelbild wie es hier erscheint, das von der untern Fläche blau, das von der obern gelbrot. Wo beide Bilder zusammentreffen findet sich das Weiße und Schwarze des abgespiegelten Bildes.

Dritte Figur. Drückt ohngefähr die Wirkung der E. 88 beschriebenen Erscheinung aus.

Vierte Figur. Gibt Anlaß sich die subjektiven Höfe vorzustellen, obgleich dieselben zu zeichnen und zu illuminieren mehr Sorgfalt erfordern würde.

Zweite Figur. Ein doppeltes, in einander gefügtes Farbenschema. Das äußere, wie jenes Allgemeine der ersten Figur mit der Totalität der Farben; das innere zeigt an, wie nach unserer Meinung diejenigen Menschen, welche mit der Akyanoblepsie* behaftet sind, die Farben sehen. In diesem Schema fehlt das Blaue ganz. Gelb, Gelbrot und Reinrot sehen sie mit uns; Violett und Blau wie Rosenrot, und Grün wie Gelbrot.

Achte Figur. Diese ist bestimmt, gedachtes Verhältnis auf eine andere Weise auszudrücken, indem kleine farbige Scheiben erst neben einander und dann unter diese andere Scheiben gesetzt sind, welche den Akyanoblepen völlig von der Farbe der oberen erscheinen. Die Freunde der Natur, wenn ihnen solche Personen vorkommen sollten, werden ersucht, nach dieser Anleitung sich größere farbige Papiermuster zu verschaffen und ihr Examen des Subjekts darnach anzustellen. Da mehrere, welche auf diese Weise in Untersuchung genommen, in ihren Äußerungen über-

* Blaublindheit.

einstimmten; so würde es auf alle Fälle interessant sein, noch zu erfahren, daß diese Abweichung von der gewöhnlichen Natur dennoch auf ihre Weise gesetzmäßig sei.

Elfte Figur. Eine Landschaft ohne Blau, wie ungefähr, nach unserer Überzeugung, der Akyanobleps die Welt sieht.

Siebente Figur. Eine Flamme, bei welcher der obere Teil, als körperlich, gelb und gelbrot, der untere Teil, dunstartig, blau, ja schön violett, sobald ein schwarzer Grund dahinter steht, erscheint. Es ist dieser Versuch am eminentesten mit angezündetem Weingeist zu machen.

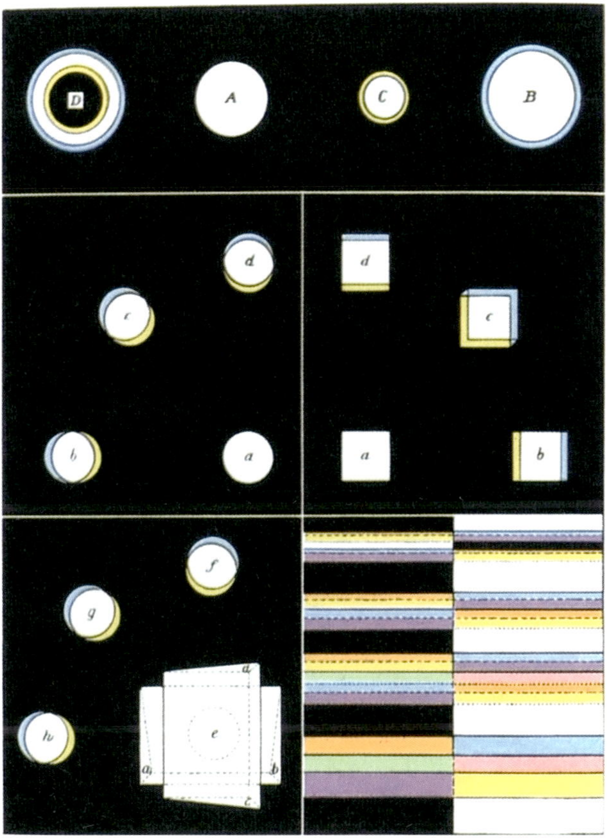

Zweite Tafel

Zweite Tafel

Ist der Farbenerscheinung gewidmet, wie sie sich bei Gelegenheit der Refraktion* zeigt. Da die Felder nicht numeriert sind, so bezeichnen wir sie nach ihrer Lage.

Oberes Feld. A ein helles Rund auf schwarzem Grunde, mit bloßen Augen angesehen durchaus farblos. *B* dasselbe durch ein Vergrößerungsglas betrachtet. Indem es sich ausdehnt, bewegt sich das Weiße scheinbar nach dem Schwarzen zu, und es entsteht der blaue und blaurote Rand. *C* die Scheibe *A* durch ein Verkleinerungsglas angesehen. Indem sie sich zusammenzieht, bewegt sich scheinbar der dunkle Grund gegen das Helle zu, wodurch der gelbe und gelbrote Rand entsteht. Dies sind die reinen Elemente aller prismatischen Erscheinungen, und wer sie faßt, wird sich durch alles das Übrige durchhelfen. In *D* ist zum Überfluß supponiert, als wenn die weiße Scheibe, die durch ein Vergrößerungsglas erweitert wird, eine kleinere schwarze Scheibe, die sich zugleich mit erweitert, in sich habe; wodurch also, wie in *C*, nur auf umgekehrtem Wege, das Schwarze scheinbar über das Weiße bewegt wird und somit der gelbe und gelbrote Rand entsteht. Beim Illuminieren hat man das Rote weggelassen, welches immer an dem Schwarzen gedacht werden muß.

Prismen sind nur Teile von Linsen und bringen, aus leicht zu begreifenden Ursachen, das Phänomen nur

---

* Brechung der Lichtstrahlen.

eminenter hervor. Die vier folgenden Felder sind prismatischen Erscheinungen gewidmet.

Das erste, links des Beschauers. Eine farblose Scheibe *a* wird, es sei objektiv oder subjektiv, nach *b c d* bewegt. Der helle, nach dem Schwarzen vorangehende Rand wird blau und blaurot, der dunkle, dem hellen Bilde folgende Rand, gelb und gelbrot erscheinen, vollkommen nach dem uns nun bekannten Gesetze von *B* und *C* in dem oberen Felde.

Das zweite, rechts des Beschauers. Ein Viereck *a* wird, objektiv oder subjektiv, nach *b c d* geführt. Im ersten und letzten Falle sind nur zwei Seiten gefärbt, weil die beiden andern dergestalt fortgerückt werden, daß die Ränder sich nicht über einander bewegen. Im dritten Falle *c*, bei welchem die Bewegung in der Diagonale geschieht, sind alle vier Seiten gefärbt.

Das dritte Feld, links des Beschauers. Hier denke man sich, daß eine farblose Scheibe *e*, durch ein Prisma hier mit *a b* bezeichnet, nach *f* gerückt werde, und durch ein anderes Prisma *d c* nach *h*; so wird, wenn man jedes Prisma besonders nimmt, die Erscheinung nach der Angabe der Tafel sein. Bringt man beide Prismen übereinander, so rückt das Bild in der Diagonale nach *g* und ist nach dem bekannten Gesetz gefärbt. Nur ist hier in der Tafel der Fehler, daß das erscheinende Bild *g* nicht weit genug weggerückt und nicht breit genug gefärbt ist. Welches man sich denken, oder auf einem besondern Blatte leicht verbessern kann. Es ist dies der von Newton so oft urgierte Versuch mit dem Spektrum das den Bückling macht.

Das vierte Feld, rechts des Beschauers. Hier werden die subjektiven Färbungen weißer Streifen auf schwarzem Grund, und schwarzer auf weißem Grunde dargestellt. In der ersten Reihe sieht man den schwarzen und weißen Streifen noch mit schmalen Farben gesäumt. In der zweiten Reihe treten die Farbensäume an einander; in der dritten über einander, und in der vierten decken sich die innern oder äußern Farben völlig.

Wer sich diese zweite Tafel recht bekannt macht, dem wird es nicht schwer sein, alle subjektiven Versuche zu entwickeln.

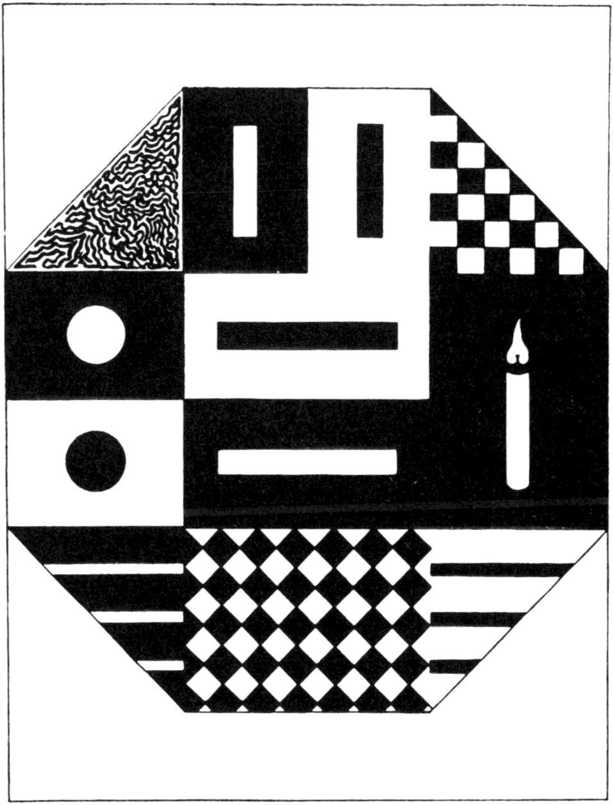

Eingeschaltete Tafel IIa

Eingeschaltete Tafel IIa bezeichnet

Diese Tafel ist sorgfältig zusammengestellt, um auf einen Blick die bedeutendsten subjektiven prismatischen Farbenerscheinungen übersehen zu können. Auch in der Größe, wie sie hier gezeichnet ist, belehrt sie vollkommen, wenn man sie durch ein Prisma von wenigen Graden ansieht. Nirgends, als da wo Schwarz und Weiß grenzen, erblickt man Farben. So laufen sie an den wurmförmigen Zügen her, welche in der obern Ecke angebracht sind. So zeigen sie sich an jedem geradlinigen Rande der mit der Achse des Prismas parallel bewegt wird. So fehlen sie an jedem der mit der Achse des Prismas vertikal bewegt wird. Die angebrachte Fackel wird nach eben demselben Gesetz gefärbt wie die Flamme der siebenten Figur auf der ersten Tafel. Die schwarze und die weiße Scheibe können zu Versuchen mit der Linse gebraucht werden. Wie denn auch in einiger Entfernung mit bloßem Auge entscheidend zu beobachten ist, daß die schwarze Scheibe viel kleiner als die weiße erscheint.

Wenn man dieser Tafel die Größe einer Elle gibt; so sind die darauf befindlichen Bilder zu allen Versuchen geschickt, die man auch mit Prismen von 60 Graden anstellen mag.

Dritte Tafel

Diese ist mit Sorgfalt von einem jeden Liebhaber der Farbenlehre ebenfalls in der Größe einer Elle und drüber nachzubilden, weil hieran alle Versuche, die wir in dem siebzehnten und achtzehnten Kapitel unseres Entwurfs angegeben haben (wenn nämlich graue und sodann farbige Bilder durch Brechung verrückt werden) zu sehen sind. Man tut wohl, sie auf eine Scheibe zu bringen, die sich vertikal drehen läßt. Nur derjenige, der sich mit dieser Tafel, und den Kapiteln wodurch sie erläutert ist, recht bekannt gemacht, wird das Captiose und Unzulängliche des ersten Newtonischen Versuchs der Optik einsehen; und es war wohl der Mühe wert, auf alle Weise jenen Irrtum bis in den letzten Winkel zu verfolgen, welchem anzuhängen nun niemand mehr erlaubt sein kann.

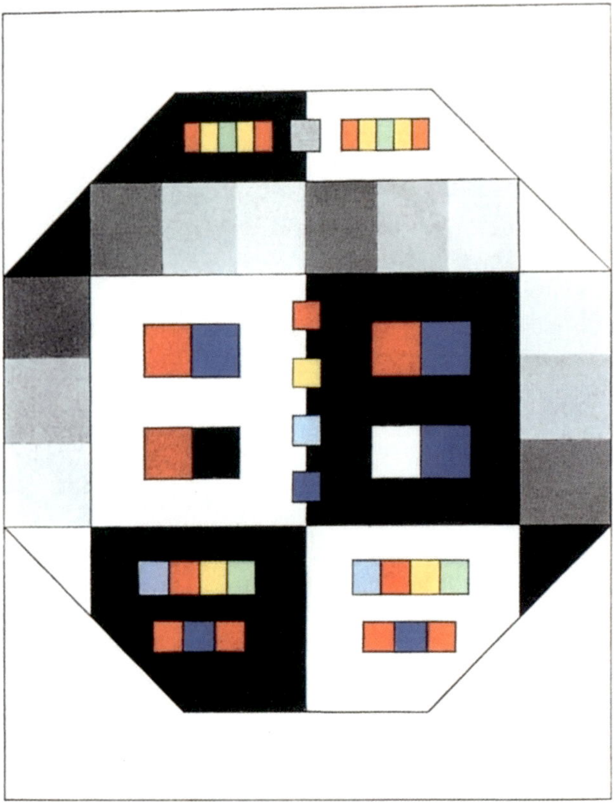

Dritte Tafel

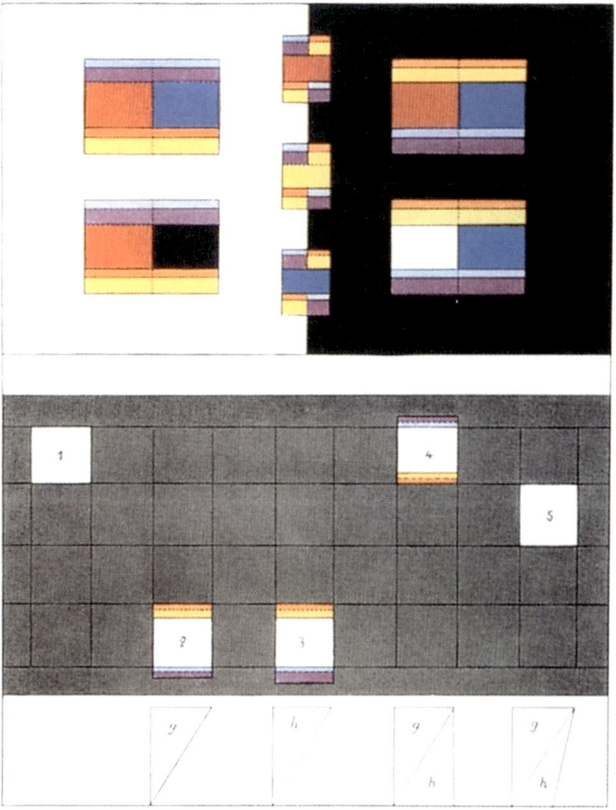

Vierte Tafel

Vierte Tafel

In dem *oberen* Felde sind die Mittelbilder der vorigen Tafel so vorgestellt, wie sie durchs Prisma gesäumt erscheinen; da man die Säume aber nur nach dem Gesetz, und nicht nach der Art wie sie sich in der Erfahrung mit der Farbe des Bildes vermischen, illuminieren konnte, so ist das hier Dargestellte mehr als Wegweiser, denn als die Sache selbst anzusehen; mehr als eine Versinnlichung dessen was vorgeht, denn als das was durch dieses Vorgehen entspringt; mehr als eine Entwickelung, eine Analyse der Erscheinung, denn als die Erscheinung selbst. Wie denn überhaupt der Naturforscher sich von dem Buch und der Tafel erst wieder los zu machen hat, wenn er wahrhaften Nutzen von beiden ziehen will.

Das *untere* Feld soll eine Versinnlichung desjenigen sein, was vorgeht, um die Achromasie* durch zwei verschiedene Mittel zu bewirken.

Man denke sich zwischen beiden Linien *a b* und *c d* mehrere viereckte weiße Bilder, auf einer schwarzen Tafel, wovon hier nur eins unter Nr. 1 angegeben ist. Man denke sich durch ein Prisma von Crownglas *g* ein gleiches Bild, was neben 1 gestanden hat, heruntergerückt, wie wir in Nr. 2 sehen. Es wird mit einem schmalen Saume gefärbt erscheinen. Ein drittes Bild werde durch ein Prisma von Flintglas gleichfalls nicht weiter gerückt, als wir es in Nr. 3 erblicken; so wird dieses viel stärker gesäumt erscheinen. Man lasse nun ein solches Bild durch ein aus beiden Prismen zusam-

---

* Farbenblindheit, hier: Farbenaufhebung.

mengelegtes Parallelepipedon *g h* in die Höhe an seine vorige Stelle bringen; so wird die Brechung aufgehoben, ein Überschuß von Färbung aber, der sich vom Prisma *h* herschreibt, übrig bleiben, wie in Nr. 4. Gibt man nun dem Prisma *h* einen geringern Winkel, so wird die Farbenerscheinung aufgehoben, aber es bleibt Brechung übrig, wie wir bei Nr. 5 sehen. Dieses ist, glauben wir, für jeden eine bequeme Darstellung sowohl von dem Verhältnis des Ganzen, als besonders der Achromasie in Nr. 5, und der Hyperchromasie* in Nr. 4.

* Farbenüberschuß.

Fünfte Tafel

Wahrhafte Darstellung, wie die Farbe erscheint, wenn ein leuchtendes Bild durch Brechung objektiv verrückt wird. Die Figur oben links in der Ecke stellt erstlich ein Parallelepipedon von Glas vor, welches oben dergestalt zugedeckt ist, daß das Sonnenbild nur in der Mitte der Fläche durchfallen kann. Man sieht an den punktierten Linien, welchen Weg das Licht ohne Brechung nehmen würde; man sieht an den ausgezogenen Linien die Brechung im dichteren Mittel, so wie an den ins dünnere Mittel übergehenden, zwar eine schwache aber doch deutliche Farbenerscheinung. Dieses ist der einfache Versuch, der dem prismatischen zum Grunde liegt. Beurteilt man die Farbensäume, ihrer Bewegung nach; so würde man hier sagen können, der gelbrote und gelbe sei der meist-, der blaue und blaurote der wenigst-refrangible, weil dieser in das Bild hinein, jener aus dem Bilde heraus zu streben scheint. Allein wer die Lehre von Verrückung des Bildes recht inne hat, der wird sich dieses scheinbare Rätsel sehr leicht erklären.

Nun denke man sich den untern, gezeichneten Keil weggenommen, so daß der obere allein wirkt, und es wird eine mächtigere Verrückung des Bildes und eine stärkere Färbung, zwar nach der andern Seite, aber doch nach denselben Gesetzen, entstehen.

Die größere Figur, welche zu betrachten man das Blatt die Quere nehmen wird, zeigt nunmehr ausführlich, was vorgeht, wenn ein leuchtendes Bild objektiv durchs Prisma verrückt wird. Die beiden Farbensäume fangen in einem Punkte an, da wo Hell und

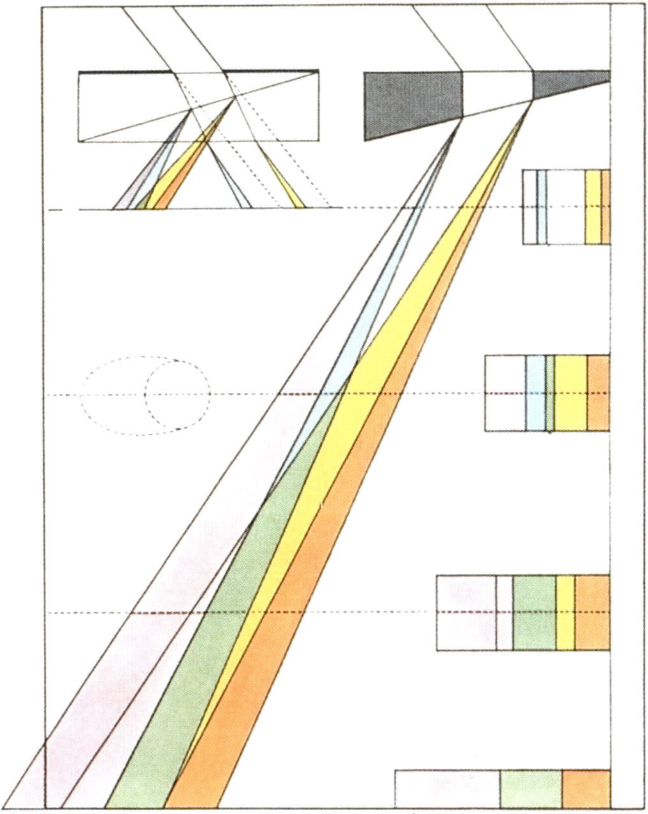

Fünfte Tafel

Dunkel an einander grenzt; sie lassen ein reines Weiß zwischen sich, bis dahin, wo sie sich treffen; da denn erst ein Grün entspringt, welches sich verbreitert, zuvor das Blaue völlig und dann zuletzt auch das Gelbe aufzehrt. Das anstoßende Blaue und Blaurote können dieser grünen Mitte beim weitern Fortschritte nichts anhaben.

Nun betrachte man die unten gezeichneten Querdurchschnitte des obern Längendurchschnittes, als die Spektra welche erscheinen, wenn man an diesen Stellen eine Pappe entgegenhält: und man wird finden, daß sie sich schrittweise verändern. Es ist angenommen, daß ein viereckte leuchtendes Bild verrückt werde, welches die Sache viel deutlicher macht, weil die vertikalen Grenzen rein bleiben und die horizontalen Unterschiede der Farben deutlicher werden.

Der Durchschnitt über welchen man oben eine punktierte Ellipse gezeichnet, ist ohngefähr derjenige, wo Newton und seine Schüler das Bild auffassen, festhalten und messen, derjenige, wo die Maße mit der Tonskala zusammentreffen sollen. Bloß die aufmerksame Betrachtung dieser Tafel muß einen jeden, der nur geraden Sinn hat, auf einmal in den Fall setzen, sowohl das natürliche als jenes bestrittene Verhältnis zu übersehen.

Sechste Tafel

Diese Einsicht wird vermehrt und gestärkt, wenn man hier vergleicht, was mit Verrückung eines völlig gleichen dunklen Bildes vorgeht. Hier ist eben das Austreten, eben das Verbreitern; hier bleibt das reine Dunkel, wie dort das reine Helle, in der Mitten. Die entgegengesetzten Säume greifen wieder über einander, und wie dort Grün, so entsteht hier ein vollkommenes Rot. Nun braucht man nicht erst diese vorzügliche Farbe zu verschweigen. Dieses Spektrum über ein dunkles Bild hervorgebracht, ist eben so gut ein Spektrum als jenes über das helle Bild hervorgebrachte; beide müssen immer neben einander gehalten, parallelisiert und zusammen erwähnt werden, wenn man sichs klar machen will, worauf es ankommt. Diese beiden Tafeln, neben einander gestellt, recht betrachtet, recht bedacht und die Formel des verrückten Bildes dabei im rechten Sinne ausgesprochen, müssen den einseitigen Newtonischen Poltergeist auf immerdar verscheuchen.

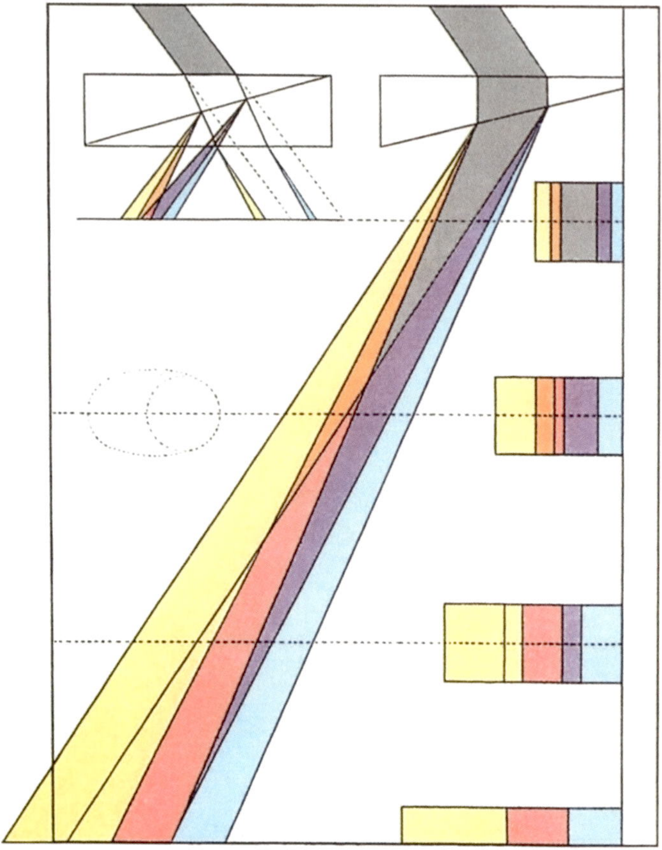

Sechste Tafel

Siebente Tafel

Auf dieser sind mehrere unwahre und captiose Figuren Newtons zusammengestellt, wie solche leider in allen Kompendien, Lexicis und andern Lehrbüchern seit einem Jahrhundert unverantwortlich wiederholt werden.

Erste Figur. Ein linearer Lichtstrahl trifft auf ein Mittel und spaltet sich in fünf farbige Strahlen. Wenn auch Newton nicht selbst diese Figur vorbringt, so ist sie doch bei seinen Schülern gäng und gäbe, die nicht das mindeste Bedenken haben, etwas, wovon die Erfahrung nichts weiß, in einer hypothetischen Figur darzustellen. Man sehe nach, was wir hierüber zu der elften Tafel weiter ausführen werden.

Zweite Figur. Ein sogenannter Lichtstrahl, von einiger Breite, geht durchs Prisma, und kommt hinter demselben als ein verlängertes Bild auf der Tafel an. Was aber eigentlich im Prisma und zwischen dem Prisma und der Tafel vorgehe, ist verschwiegen und verheimlicht.

Dritte Figur, der vorigen ähnlich, das was daran ausführlicher ist, ganz hypothetisch. Schon vor dem Prisma wird der Strahl durch Linien in verschiedene geteilt, so gehn sie durchs Prisma, so kommen sie hinten an. Vor dem Prisma sind sie ganz hypothetisch, innerhalb desselben zum größten Teil: denn in demselben kann nur oben und unten eine ganz schmale Randerscheinung stattfinden. Hinter dem Prisma ist die mittlere Linie hypothetisch, und die nächsten beiden falsch gezogen, weil sie mit der obern und untern aus einem Punkt, oder

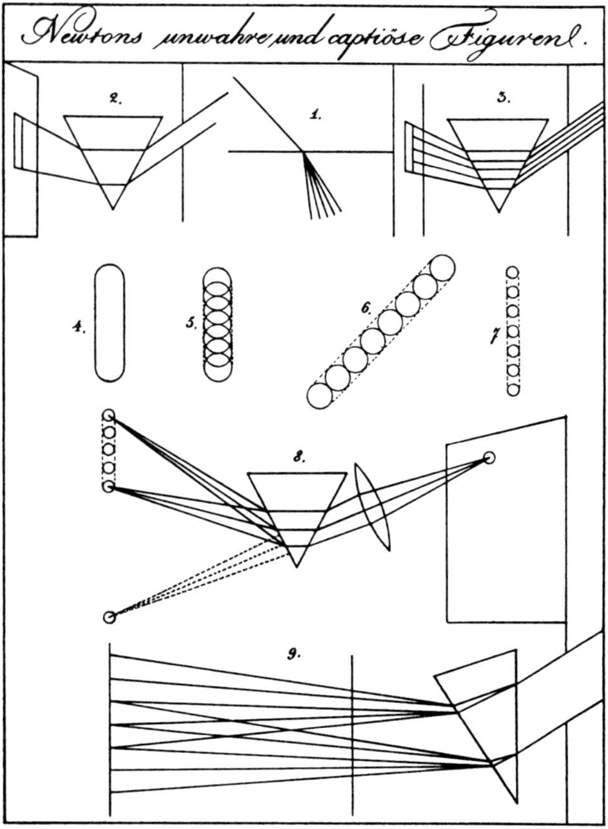

Siebente Tafel

wenigstens nahezu aus einem Punkt, entspringen müßten.

Vierte Figur. Das Spektrum als eine Einheit vorgestellt.

Fünfte Figur. Dasselbe, in welchem die darin enthalten sein sollenden homogenen Lichter als übereinander greifende Ringe gezeichnet sind. Wenn ein rundes Bild verrückt wird, so kann sich ein oberflächlicher, oder im Vorurteil befangner Zuschauer das Phänomen ohngefähr so vorbilden lassen. Man verrücke ein vierecktes Bild, wie wir auf der fünften und sechsten Tafel getan haben, und die Täuschung ist nicht mehr möglich.

Sechste Figur. Ganz hypothetisch. Sie will uns glauben machen, bei Verlängerung des Bildes sei es möglich, jene Strahlenkreischen weiter von einander abzusondern.

Siebente Figur. Nicht allein hypothetisch, sondern völlig unwahr. Wenn die verschiedenfarbigen Lichtscheibchen sich absondern lassen, warum hängt man sie denn hier mit Strichelchen zusammen? Niemand hat auch nur den Schein dieser Figur mit Augen gesehen.

Achte Figur. So wunderlich als falsch, um das zu bezeichnen, was bei der Verbindung der Linse mit dem Prisma vorgeht.

Neunte Figur. Eine der letzten Newtonischen Figuren, um endlich die weiße Mitte gleich hinter dem Prisma, die lange genug ignoriert worden, zu erklären und der schon völlig fertigen Hypothese anzupassen.

Achte Tafel

Hier hat man mit redlicher Mühe und Anstrengung eine einzige unwahre und captiose Newtonische Figur, die einundzwanzigste des ersten Teiles, in mehrere Figuren zerlegt, oder vielmehr die wahre Genese des Phänomens durch mehrere Figuren ausgedrückt. Wir brauchen hierüber nichts weiter zu sagen, weil wir bei Entwicklung des neunten Versuchs (P. 196-203) diese Tafel umständlich erläutert und das Nötige deshalb mitgeteilt haben.

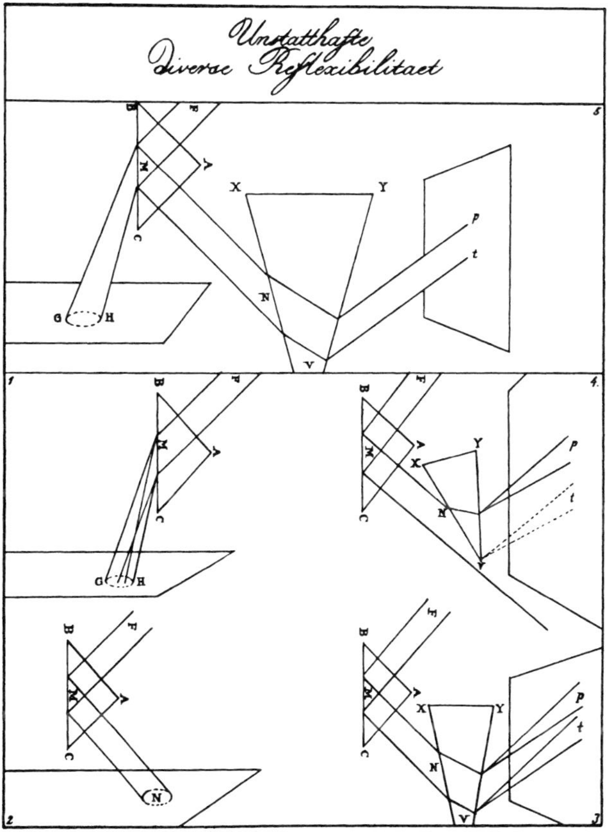

Achte Tafel

Bei dieser und der folgenden dagegen müssen wir um desto weitläuftiger sein, nicht weil die darauf vorgestellte theoretische Verkehrtheit schwer einzusehen wäre; sondern weil wir denn doch einmal schließlich diese unglaublichen Torheiten vor das Forum eines neuen Jahrhunderts bringen möchten.

Wir mußten bei der ersten Farbensäule, über welcher das Wort *Natur* geschrieben steht, mehr Stufen vom Gelben bis zum Gelbroten, vom Blauen bis zum Blauroten annehmen, als eigentlich nötig wäre, um uns mit der wunderlichen Darstellung der Gegner, die daneben gesetzt ist, einigermaßen parallel zu stellen. Hier zeigt sich naturgemäß das unveränderte Weiß in der Mitte; von der einen Seite steigt das Gelbe bis ins Gelbrote; von der andern das Blaue bis ins Blaurote, und damit ist die Sache abgetan. Aber nun sehe man die daneben schachbrettartig aufgestellte – Posse dürfen wir sagen: denn nur als eine solche können wir sie aufführen.

Sobald meine Beiträge zur Optik erschienen waren, machte sichs die ganze Gilde zur Pflicht, sogleich über mich herzufallen und zu zeigen, daß dasjenige was ich noch für problematisch hielt, schon längst erklärt sei. *Gren** in Halle besonders verwandelte die Newtonischen Äußerungen in ein Buchstaben-Schema, welches zeigen sollte, wie man eigentlich die Lichtstrahlen en échelon hintereinander müsse aufmarschie-

* Friedrich Albert Gren (1760-1798); Apotheker in Erfurt, dann Professor der Medizin und Chemie in Halle.

ren lassen, um das belobte zusammengesetzte Weiß in der Mitte hervorzubringen. Genau in der Mitte nämlich muß die violette Tête der zurückbleibenden Kolonne schon angekommen sein, ehe die gelbrote Queue der voreilenden Kolonne die Mitte verläßt. Da nun alle Zwischen-Kolonnen verhältnismäßig vorrücken, so treffen ihre verschiedenfarbigen Teile auf der Mitte dergestalt zusammen, daß sie in die Quere abermals diese siebenfarbige Folge bilden, und, in sofern man sie als übereinandergeschoben sich deckend betrachten kann, nunmehr weiß erscheinen.

Man stelle sich diese Farben liquid vor und sehe was herauskommt, wenn man sie zusammenstreicht.

Nun sollte man doch denken, das Seltsamste sei vorüber, aber ein weit Barockeres steht uns noch bevor. Denn wenn die Mitte auf gemeldete Art weiß wird, so muß eine jede auf- und absteigende Querreihe, die nun nicht mehr sämtliche Farben enthält, in sich summiert, diejenige Farbe hervorbringen, welche im prismatischen Bilde ihrer Richtung korrespondiert.

Das erste also gesetzt, daß die sieben Farben der mittlern Reihe Weiß machen; so machen die sechs Farben der nächsten drüber Hellgelb, und der nächsten drunter Hellblau; die fünf Farben der folgenden sofort dunkler Gelb und dunkler Blau; vier Farben sodann ein noch dunkler Gelb und ein noch dunkler Blau; drei Farben machen Rotgelb und Rotblau; zwei Farben endlich Gelbrot und Blaurot; und zuletzt steht Blaurot und Gelbrot jedes für sich.

Ob es nun gleich hiermit wohl genug sein könnte,

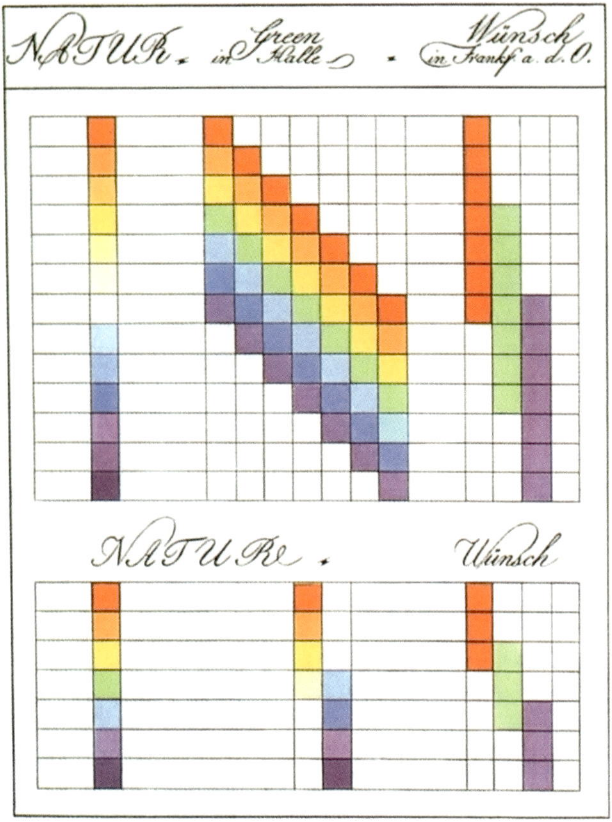

Neunte Tafel

so wollen wir doch noch ein Übriges tun und das was auf unserer Tafel mit Farben ausgedrückt ist, auch noch tabellarisch mit Worten ausdrücken.

Blaurot, Rotblau, Hellblau, Grün,
machen

Hinaufwärts
Rotblau, Hellblau, Grün, Hellgelb, Rotgelb,
Gelbrot machen *Hellgelb*
Hellblau, Grün, Hellgelb, Rotgelb, Gelbrot
machen *dunkler Gelb*
Grün, Hellgelb, Rotgelb, Gelbrot
machen *noch dunkler Gelb*
Hellgelb, Rotgelb, Gelbrot
machen *rötlich Gelb*
Rotgelb, Gelbrot
machen *Rotgelb*
Gelbrot
steht seinen Mann.

Hellgelb, Rotgelb, Gelbrot,
Weiß

Hinabwärts
Blaurot, Rotblau, Hellblau, Grün, Hellgelb,
Rotgelb machen *Hellblau*
Blaurot, Rotblau, Hellblau, Grün, Hellgelb
machen *dunkler Blau*
Blaurot, Rotblau, Hellblau, Grün
machen *noch dunkler Blau*
Blaurot, Rotblau, Hellblau
machen *rötlich Blau*
Blaurot, Rotblau
machen *Rotblau*
Blaurot
steht seinen Mann.

Wir haben dieses Wortschema vorzüglich deshalb so umständlich ausgeführt, damit demjenigen vorgearbeitet sei, der es als Theses aufstellen möchte, um darüber im Narrenturme zu disputieren oder in der Hexenküche zu konversieren. Weil es nun zugleich rätlich wäre das Behauptete durch Erfahrung darzustellen, und sich wohl schwerlich ein Newtonisch gesinnter Maler finden würde, der aus Zusammenmischung seiner ganzen Palette Weiß hervorzubringen unternähme; so ließe sich vielleicht dadurch eine Auskunft treffen, daß man einen namhaften Mechanikus um die Gefälligkeit ersuchte, mit seinem künstlichen Schwungrade den geneigten Zuschauern nicht einen blauen, sondern einen grauen Dunst vor die Augen zu machen.

Auf derselbigen Tafel haben wir gleichfalls gesucht von der Art und Weise Rechenschaft zu geben, wie der seltsame *Wünsch** sich aus der Sache zu ziehen gesucht, da ihm die Newtonische Erklärungsart nicht haltbar vorkam. Wir haben die seinige, in sofern es möglich war, der Natur und der Grenischen parallel an die Seite zu stellen gesucht. Daraus wird nun klar, daß er nichts weiter getan, als jene Erklärungs- und Vorstellungsweise zu abbrevieren. Er behält nämlich von sieben Farben nur die Mitte und die beiden Enden, Grün, Blaurot und Gelbrot, in welchen dreien die beiden übrigen mit ihren Stufen freilich schon stecken; setzt dann, wiewohl auf eine eben so närrische Weise als die Newtonianer, aus Grün, Gelbrot

* Christian Ernst Wünsch (1744-1828); Weber, Mediziner, Mathematikprofessor in Frankfurt/Oder.

und Blaurot Weiß zusammen. Hinaufwärts muß aus Grün und Gelbrot Gelb mit seinen Stufen, hinunterwärts aus Grün und Blaurot Blau mit seinen Stufen entspringen. Gelbrot und Blaurot, wie bei Gren, bezahlen für sich. Auch diese Tollheit läßt sich auf unsrer Tafel, ohne darüber viel Worte zu machen, recht gut übersehen.

Auf dem untern Teile der Tafel haben wir die Entstehung des Grünen, nach der Natur und nach Wünsch, dargestellt. Zuerst zeigt sich das prismatische Phänomen, wenn das Grün aus dem Zusammentreten des helleren Gelb und Blau schon entstanden ist. Wie dies geschieht, ist daneben gezeigt, da die von beiden Seiten kommenden Säume als neben einander stehend gezeichnet sind. Sodann folgt Wünsch mit seinen vertrackten drei Urfarben. Sie sind so aus einander gezerrt, daß das Grün nun auf einmal eine Person für sich spielt und sich zwischen seinen gleichfalls selbständigen Brüdern sehen lassen darf. Hätte die menschliche Natur nicht solche unendliche Neigung zum Irrtum, so müßte ein so abschreckendes Beispiel, wie übrigens talentvolle Männer sich verirren können, von größerem Nutzen für die Jugend sein, als jenes, wenn die Lacedämonier ihren Jünglingen besoffene Knechte zur Warnung vorführten.

Zehnte Tafel

Überzeugt wie ich war, daß die prismatische Farbenerscheinung sowohl dem Licht als dem angrenzenden Dunkel angehöre, mußte ich freilich die subjektiven Versuche, mit denen ich mich besonders abgab, anders als ein Newtonianer ansehen. Ein weißes Bild oder Streifen auf schwarzem, ein schwarzes Bild oder Streifen auf weißem Grunde, durchs Prisma in der Nähe betrachtet, blieben, indem die Ränder sich färbten, jenes in der Mitte weiß, dieses in der Mitte schwarz. Wie sich bei mehrerer Entfernung des Beobachters die Farbensäume verbreiterten, wurde dort das Weiße, hier das Schwarze zugedeckt, und endlich, bei noch weiterem Wegtreten, zeigte sich durch Vermischung dort ein Grün, hier ein vollkommenes Rot, wie solches auf unserer zweiten Tafel, unten in der Ecke rechts, dargestellt ist.

Diese Phänomene gingen mir also völlig parallel. Was bei Erklärung des einen recht war, schien bei dem andern billig; und ich machte daher die Folgerung, daß wenn die Schule behaupten könne, das weiße Bild auf schwarzem Grunde werde durch die Brechung in Farben aufgelöst, getrennt, zerstreut, sie eben so gut sagen könne und müsse, daß das schwarze Bild durch Brechung gleichfalls aufgelöst, gespalten, zerstreut werde.

Dagegen hatten die Newtonianer bereits seit einem Jahrhundert eine fertige Ausflucht, deren sich Richter* schon gegen Rizzetti** bedient, daß nämlich diese farbigen Säume nicht dem Dunkeln, sondern dem Hellen zuzuschreiben seien, dem Lichte, das vom

Rande herstrahle und nach der Brechung, in Farben aufgelöst, farbig zum Auge des Beschauenden gelange.

Wie ein Rezensent der Jenaischen allgemeinen Literaturzeitung vom Jahr 1792 in Nr. 31 diese Erklärungsart gegen mich geltend zu machen sucht, wird auf gegenwärtiger Tafel genau und aufrichtig dargestellt. Er behilft sich in gedachtem Zeitungsblatt, wie Gren, mit Buchstaben. Wir haben die Mühe übernommen, nicht allein sein Buchstaben-Schema in reinliche und genaue Casen einzuquartieren, sondern wir haben daneben auch durch farbige Quadrate die Sache augenfälliger zu machen gesucht.

Zuerst steht, wie auf der vorigen Tafel, das natürliche Verhältnis, wie nämlich der blaue und blaurote Rand von dem Hellen nach dem Dunklen, der gelbe und der gelbrote Rand vom Dunklen nach dem Hellen strebt, und weil sie sich eben berühren, ein an einander stoßendes, obgleich noch nicht über einander greifendes Farbenbild hervorbringen. Wie viel Umstände dagegen der Rezensent braucht, um seine beiden Farben-Detachements, nach der Grenischen Weise, en échelon gegen einander aufmarschieren und sich endlich berühren zu lassen, mag, wer Geduld hat, von ihm selbst vernehmen.

»Ein schwarzer Streifen auf weißem Grunde wird hier durch die Buchstaben *m n*; *p q* bezeichnet. Die Buchstaben *r g gr b v* bedeuten Rot, Gelb, Grün, Blau,

---

* Georg Friedrich Richter (1691-1742); Professor der Mathematik, Morallehre und Politik in Leipzig.

** Giovanni Conte di Rizzetti (gest. 1751); Gegner Newtons.

Violett. Nun schicke der nächste weiße Punkt bei *A* über dem schwarzen Streifen einen Lichtstrahl durchs Prisma ins Auge des Beobachters. Dieser wird in die genannten Farben, von welchen wir der Kürze wegen nur fünf annehmen, *gespalten* und auf die aus Newtons Versuchen bekannte Art *zerstreut* werden. Ist nun der brechende Winkel des Prismas nach unten gekehrt, so wird der gelbe Teil des gespaltenen Lichtstrahles nicht mehr auf den weißen Teil des Papiers, sondern herunter in den schwarzen Streifen bei *g* gleich neben *h*, vom Auge projiziert werden, und nur der rote wird in *r* gleich neben *A* bleiben, wo der ganze weiße Punkt liegt von welchem der Strahl kam. Der grüne wird noch weiter herunter neben *i*, der blaue in *b* neben *k*, und der violette in *v* neben *l* treffen. Mit den etwas höher liegenden Lichtpunkten, bei *B, C, D, E* geht es eben so. Deren blaue und violette Teile reichen aber nicht so weit herunter in den schwarzen Streifen, als die des Lichtpunktes bei *A*; folglich sieht man auch bloß *diese letztern isoliert* im schwarzen Streifen neben *k* und *l*. In *i* ist nebst dem Grün vom Lichtpunkt *A*, auch noch Blau vom Lichtpunkt *B*, und Violett von *C* vorhanden. Deshalb erkennt man dieses Grün schon nicht mehr, sondern es erscheint schon als ein weißliches Licht, oder als das hellste Blau. Das Gelb bei *h* ist ganz unkenntlich, weil ihm noch Grün, Blau und Violett von den Punkten *B, C, D* beigemischt sind. Das gleich drüber liegende Rot bei *A* aber erscheint völlig weiß, weil ihm das Gelb, Grün, Blau und Violett von den Lichtpunkten bei *B, C, D, E* beigemischt sind.«

»Nach dieser Vorstellungsart käme also das Blaue und Violette im schwarzen Streifen nicht von dieser

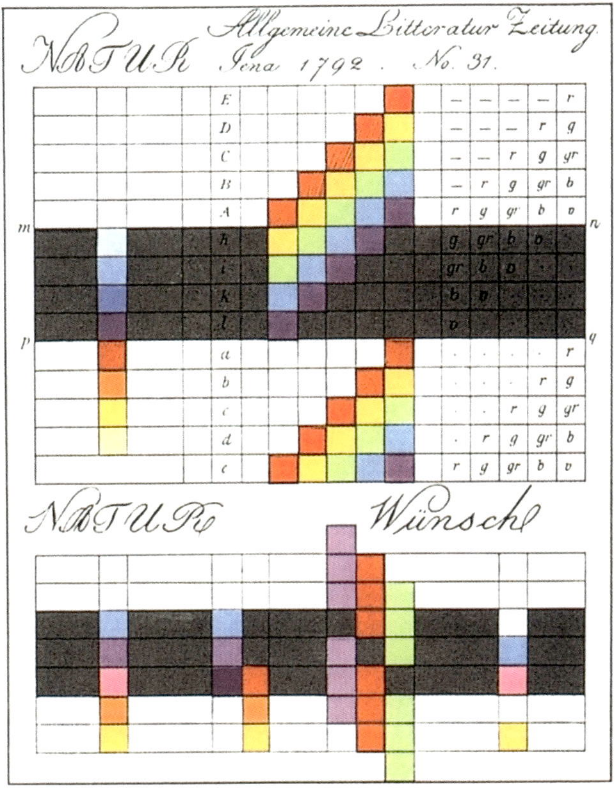

Zehnte Tafel

Schwärze, sondern von dem darüber liegenden weißen Licht, das vom Prisma gespalten, zerstreut, und vom Auge herunter ins Schwarze ist projiziert worden.«

»Auf gleiche Art ließe sich zeigen, warum unterhalb des schwarzen Streifens bei *a* nichts weiter als Rot erscheint, wenn anders der schwarze Streifen nicht gar zu schmal ist. Der Lichtpunkt bei *a* erhält nämlich von keinem Lichtpunkt bei *A, B* usw. eine Farbe, indem sich keine derselben über die schwarze Region hinauserstreckt, noch weniger die Schwärze selbst dergleichen liefern kann. Die rote Farbe bei *b* aber hat auch noch die gelbe des drüberliegenden Lichtpunkts bei *a* in sich und gibt also Orangegelb. Das Rot bei *c* hat Gelb von *b* und Grün von *a*, erscheint also hellgelb und verliert sich schon allmählich ins Weiße. Bei *d* und *e* erscheinen die farbigen Teile der einzelnen Lichtpunkte schon beinahe ganz weiß, weil hier schon fast alle Farben wieder bei einander sind. Es versteht sich übrigens, daß die Buchstaben *r, g, gr* usw., die im Schema *neben* einander gesetzt sind, *über* oder vielmehr *in* einander liegend gedacht werden müssen. Auch muß man sich da, wo kleine Querstriche stehen, ebenfalls farbige Teile von gespaltenen, höher liegenden Lichtpunkten vorstellen; dahingegen an den Stellen wo Punkte stehen, keine weitere als bloß durch die Buchstaben angezeigten Farbenteile angenommen werden können.«

»Sonach würde also der Newtonianer, bei hinlänglich breiten schwarzen Streifen, nicht Gelb und Blau, sondern Rot und Violett am reinsten sehen, indem das Gelb von Rot und Grün, und das Blau von Grün und

Violett allemal etwas gestört ist: es sei denn, daß man nicht mehr als einen einzigen Strahl von einem gleich über oder unter dem schwarzen Streifen liegenden Lichtpunkt ins Auge bekomme. Denn alsdann müßte man alle einzelnen Farben auf dem Schwarz ganz rein sehen; sie würden aber dann so schwach sein, daß man sie schwerlich erkennen könnte.«

»Wäre der schwarze Streifen so schmal, oder so weit vom Auge des Beobachters entfernt, daß das Violett bei *l* wieder herunter auf den weißen Grund, also mit in das *r* bei *a* fiele; so würde man dieses *r* nicht mehr rein Rot, sondern Pfirsichblüt sehen, so wie unter dem Gelb bei *c* Grün erscheinen müßte, wenn bei *d* schon wieder ein neuer schwarzer Streifen anfinge, indem alsdann das nächste *r* bei *d* hinweggedacht werden müßte und bloß die Mischung von Gelb, Grün und Blau übrig blieb.«

»Wäre hingegen der schwarze Streifen sehr viel breiter als er hier angenommen worden, so würde unterhalb *l* bis zur Grenze alles schwarz bleiben, so wie unter *e* alles weiß bleibt, wenn sich da kein schwarzer Streifen wieder anfängt.«

Eine achtzehnjährige Anti-Kritik gegen diese Rezension ist noch unter unsern Papieren. Wir können aber dieselbe recht gut zurückhalten, weil sie schon vollkommen in unserer vollbrachten Arbeit liegt. Die Nachwelt wird mit Erstaunen ein solches Musterstück betrachten, wie gegen das Ende des achtzehnten Jahrhunderts in den Naturwissenschaften auf eine Weise verfahren worden, deren sich das dunkelste Mönchtum und eine sich selbst verwirrende Scholastik nicht zu schämen hätte.

Wie mit eben diesen Erscheinungen an einem schwarzen Streifen der wunderliche *Wünsch* sich abgequält, weil seine Voraussetzung nicht passen wollte, soll nunmehr auch von uns dargestellt werden. Wir haben diesem Zwecke den untern Raum der zehnten Tafel gewidmet.

Erst sieht man abermals einen schwarzen Streifen durch das Ganze gehen. Das einfache Verfahren der Natur ist dargestellt. Ins Schwarze herein wirken Blau und Blaurot, vom Schwarzen ab Gelbrot und Gelb. Wo die beiden ins Rot gesteigerten Enden übereinander greifen, erscheint ein vollkommenes Rot, und damit ist die Erfahrung abgetan.

Nun läßt hingegen *Wünsch* abermals seine drei Grundfarben en échelon von oben und unten in das Schwarze hineinmarschieren. Allein hier gelingt ihm nicht einmal, was ihm auf der vorigen Tafel gelang, indem seine hypothetischen Wesen, selbst nach seiner eignen Auslegung, das Phänomen nicht hervorbringen können. Mit aller Bemühung bringt er die Naturerscheinung nicht heraus. Zwar macht er aus Blaurot und Gelbrot das vollkommene Rot; allein unten drunter, wo er Gelbrot haben soll, treten leider seine drei Grundfarben übereinander, und müßten also Weiß geben; wie wir denn auch diese Case unilluminiert gelassen. Ferner wird nun aus Gelbrot und Grün Hellgelb; und der Schwanz der grünen Kolonne ist ganz ohne Wirkung. Hinaufwärts, über dem vollkommenen Rot, tritt Grün und Blaurot zusammen, woraus denn nach seiner löblichen Theorie Blau entsteht. Allein nun findet sich leider sogleich obendrüber Grün und Gelbrot neben einander, und da müßte denn abermals Gelb entstehen, welches aber niemals erscheint noch erscheinen kann; deswegen haben wir auch die Case weiß gelassen. Die übrigen Farben ins Weiße zu verfolgen, möchte nun wohl weiter nicht wert sein.

Dieses sind die Resultate einer Auslegungsart, die bloß dadurch entstanden ist, daß ein sonst scharfsinniger Mann die Newtonische nicht wegwarf, sondern sich an einem Paroli und Septleva* des Irrtums ergötzte. Fast möchten wir glauben, daß es im Gehirn ganz besondere Organe für diese seltsamen Geistesoperationen gebe. Möge doch *Gall*** einmal den Schädel eines rechten Stock-Newtonianers untersuchen und uns darüber einigen Aufschluß erteilen.

* Verdopplung und Versiebenfachung.

** Franz Joseph Gall (1758-1828); Hirnanatom in Wien und Paris.

Wenn es dem Dichter, der sich eine Zeit lang in der Hölle aufhalten müssen, doch zuletzt etwas bänglich und ängstlich wird, und er mit großem Jubel die wieder erblickte Sonne begrüßt; so haben auch wir alle Ursache froh und heiter aufzuschauen, wenn wir aus dem Fegefeuer der vier letzten Tafeln zu einer naturgemäßen Darstellung gelangen, wie sie uns nunmehr die elfte einfach und klar hinlegt. Es gehört solche eigentlich zum polemischen Teile und zwar zu § 289 bis 301. Dort ist zwar das Nötige schon gesagt worden, aber wir tragen die Sache lieber nochmals vor, weil diese hier aufgezeichneten Figuren von der größten Bedeutung sind, und sie das was bei der objektiven Refraktion zur Sprache kömmt, sowohl didaktisch als polemisch aufs deutlichste ans Licht stellen.

Erste Figur. Es ist die in allen Lehrbüchern vorkommende, wie nämlich das Verhältnis des Sinus des Einfallswinkels zu dem Sinus des Brechungswinkels vorgestellt wird.

Zweite Figur. Ist die hypothetische Vorstellung, wie Newton und seine Schule das Verhältnis des in farbige Strahlen auseinander gebrochenen Strahls zu dem einfallenden darstellen. Man sieht daß hier nicht das einfache Verhältnis Eines Sinus statt finden könnte, sondern daß die weniger oder mehr gebrochnen Strahlen größere oder kleinere Sinus haben müßten. Nach Newtonischer Vorstellung ist der Sinus des mittelsten grünen Strahls als Normal-Sinus angenommen; aber dieses ist falsch: denn das Maß der Refraktion kann niemals in der Mitte eines Bildes, sondern es muß am Ende desselben genommen werden.

Daß die erste Figur ein der Erfahrung gemäßes Verhältnis in abstrakten Linien darstellt, mochte hingehen. Wenn aber bei Nr. 2 ein Phänomen, ohne seine notwendigen Bedingungen, auch auf eine so abgezogene Weise vorgetragen wird; so laufen wir Gefahr uns eine der Natur ungemäße Theorie aufheften zu lassen.

Das Licht, oder Millionen Strahlen desselben, mögen aus dem dünnern Mittel, welches hier als der obere halbe Teil des Zirkels bezeichnet ist, in das dichtere, welches der untere Halbkreis vorstellt, übergehen und auf das stärkste gebrochen werden; so wird man doch diese Brechung nicht messen, noch viel weniger eine Farbenerscheinung bemerken können. Bedeckt man aber, wie in der

Dritten Figur, die dem einfallenden Licht entgegenstehende Seite mit irgend einem undurchsichtigen Hindernis; so folgt, weil die Brechung gegen das volle Licht zugeht, das Finstere dem Hellen, und es entspringt der gelbrote und gelbe Saum. Auf gleiche Weise muß bei umgekehrter Vorrichtung,

Vierte Figur, nach eben demselben Gesetze, das Licht dem Finstern folgen, und es entsteht der blaue und blaurote Rand. Dies ist das Faktum der Farbenerscheinung, wie sie sich an die Lehre und an die Gesetze der Brechung anschließt, und in beiden Fällen gilt der Normal-Sinus für die entgegengesetzten Farben.

Fünfte Figur. In dieser wird nun gezeigt, wie sich das Phänomen und das Gesetz der Farbenerscheinung von der Brechung gleichsam losmacht, und mit ihr in Unverhältnis steht, indem bei gleicher Brechung, wie in den vorigen Fällen, die Farbenverbreiterung stärker ist; wodurch Achromasie und Hyperchromasie hervorgebracht wird. (E. 345ff.)

Wir empfehlen diese Tafel allen denen, die sich und andern das wahre Verhältnis der Erscheinungen entwickeln wollen. Gebe der Himmel, daß diese einfache Darstellung allen polemischen Wust auf ewige Zeiten von uns entferne!

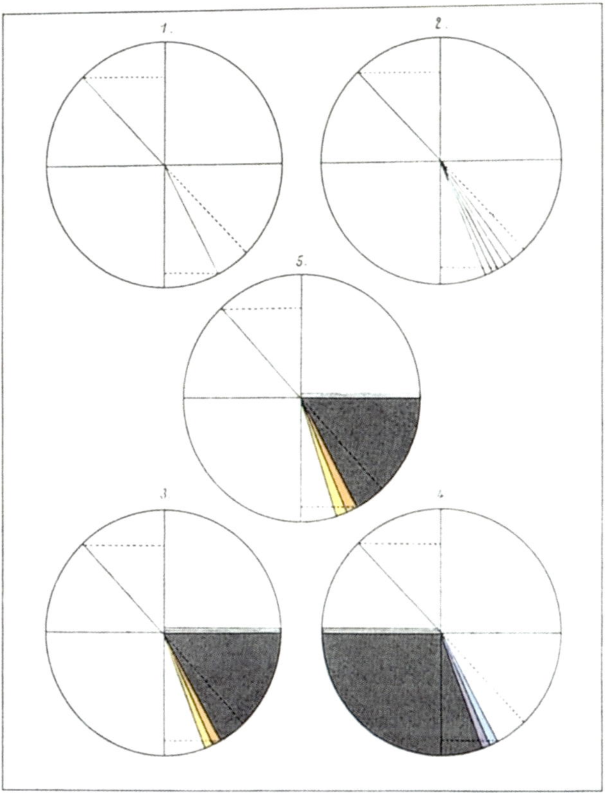

Elfte Tafel

Zwölfte Tafel

Der fromme Wunsch, daß wir von der Newtonischen vorsätzlichen oder zufälligen Verirrung nicht weiter mehr hören möchten, kann nur alsdann erfüllt werden, wenn die ganze Lehre vor dem Wahrheitsblick einer reinen Erfahrung und tüchtigen Beurteilung verschwunden ist. Leider führt uns diese Tafel, welche abermals zur Kontrovers gehört (P. 272ff.), wieder zu den Sophistereien zurück, wodurch freilich Unaufmerksame getäuscht werden können.

Der wegen seiner Versuche so berühmte Newton läßt während seiner Untersuchungen und Beobachtungen, welche so scharf und genau sein sollen, immer wieder, ehe man sichs versieht, mancherlei Zufälligkeiten obwalten. Eine Fliege die ihm über die Wand läuft, die Lettern eines aufgeschlagenen Buches, ein Knoblauchsblatt, ein Schächtelchen Zinnober und was ihm sonst die Quere kommt, wird mit herein gezogen, und die dabei eintretenden Erscheinungen müssen dann gelten was sie können.

Da die einmal aus dem Licht gesonderten homogenen Lichter nach jener Lehre nicht weiter zu trennen sind, sondern bei neuen Brechungen unverändert bleiben; so läßt Newton das Spektrum auf ein gedrucktes Buch fallen, betrachtet dieses alsdann mit einem Prisma und behauptet, daß nun die Buchstaben keine farbigen Säume und Bärte mehr zeigen, wie sie es tun, wenn man das weiße gedruckte Blatt durchs Prisma ansieht.

Nur ein unaufmerksamer Beobachter kann also reden. Wir haben wiederholt gewiesen und behauptet, daß auf gefärbten Flächen die Säume der Bilder bloß darum unscheinbar sind, weil sie einmal der farbigen Fläche widersprechen und dadurch mißfärbig werden, das andre Mal aber mit derselben übereinstimmen und sich also in ihr verlieren.

Doch dürfen auch bei gefärbten Flächen die Bilder nur genugsam als hell oder dunkel abstechen, so sieht man die gedachten Säume und Bärte deutlich und überzeugend genug, welche sich in vielen Fällen besonders durch Mischung manifestieren.

Wir haben daher zu Fixierung dieses Versuchs die zwölfte Tafel in sechs Felder eingeteilt, diese mit den sechs vorzüglichsten Farben illuminiert und auf denselben wieder einfache farbige Bilder angebracht, so daß außer einigen Mückenflügeln nichts Dekomponibles* auf dieser Tafel gefunden wird. Man betrachte sie aber durch ein Prisma; und man wird sogleich die Säume und Bärte stärker und schwächer, nach Verhältnis des Hellen und Dunklen, und sodann wunderlich gefärbt, nach Verhältnis der Mischung mit dem Grunde, ohne allen Widerspruch erblicken.

Wem an dieser Sache ernstlich gelegen ist, wird sich größere Tafeln mit helleren und satteren Farben von allerlei Schattierungen verfertigen, und überall dasselbige finden.

Daß ein gefärbtes Papier einer durch prismatische Farben erleuchteten Fläche völlig gleich zu halten sei, erhellet daraus, daß die beiden ersten und Grundversuche von Newtons Optik mit farbigen Papieren angestellt, und doch von ihnen als farbigen Lichtern

---

* Zerlegbares.

gesprochen worden. Man mache diese Farben so satt als man will, immer werden die Bildersäume sich nach wie vor verhalten, vorausgesetzt, daß die Bilder an Helligkeit oder Dunkelheit vom farbigen Grunde genugsam abstechen.

Wollen die Newtonianer nach alter Weise ihre Ausflucht dahin nehmen, daß keins der homogenen Lichter vollkommen homogen, die dekomponierten nicht völlig dekomponiert seien, daß ihnen allen die Erbsünde ihrer Mutter, des Lichts, heterogen und dekomponibel zu sein, noch immer in einem gewissen Grade anklebe; weshalb denn die freilich unbedingt ausgesprochenen Axiome durch die Erfahrung bis zu Nichts bedingt und limitiert werden: so überlassen wir gern die Schule ihrem würdigen Präsidenten und Anführer der Kosaken, dessen Qualifikation zu dieser Stelle wir in dem Werk selbst wohlmeinend dargetan.

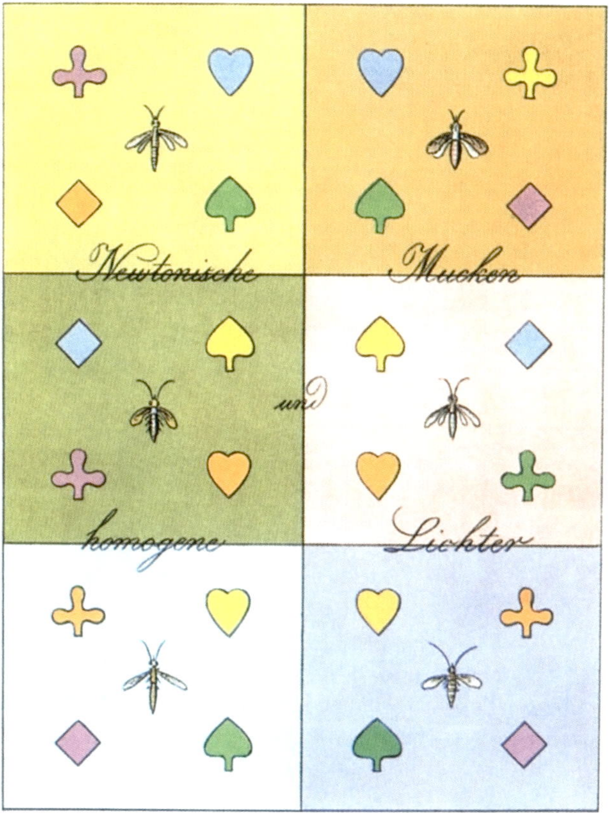

Zwölfte Tafel

Dreizehnte Tafel,

teils der Kontrovers, teils der natürlichen Darstellung des Phänomens gewidmet

Die vierte Figur, nach einer Newtonischen kopiert, der ersten des zweiten Teiles, ist gehörigen Orts (P. 325ff.) in ihrer ganzen Unrichtigkeit, Unreinheit, Falschheit und Betrüglichkeit dargestellt worden.

Um das Phänomen, wovon die Rede ist, in seiner Ableitung kennen zu lernen, sehe man unsere oben drüber stehenden Figuren und bemerke folgendes:

Erste Figur. Das Lichtbild geht durch ein großes Prisma, die Farbenerscheinung entsteht an beiden Grenzen, der weißen Mitte ist eine Tafel entgegengestellt. Durch eine Öffnung derselben fällt dieses gebrochne weiße Licht, und sogleich entstehn gesetzmäßig an den Grenzen die Farbenerscheinungen, sich verbreiternd, sich vereinigend und das Grün bildend.

Zweite Figur. Dasselbe Prisma, derselbe Lichtdurchgang, dieselbe Farbenentstehung an den Grenzen. Hier hat man aber weder diesen entstandenen Farben, noch der weißen Mitte eine Tafel entgegengesetzt, sondern jene gehen ins Weite, in diese aber hat man ein schmales Hindernis eingeschoben, an dessen Rändern abermals die Farbenerscheinung nach dem Gesetz entsteht. Jene ersten Randerscheinungen hätten für sich bei weiterem Fortgang ein Grün hervorgebracht, nun sind aber hier, durch dies schmale Hindernis, zwei neue Grenzen entstanden, deren äußere Seiten mit jenen ersten Randerscheinungen Grün, deren innere hingegen, nach dem Dunklen zu, Purpur hervorbringen, wodurch denn ein ganz eignes und kompliziertes Spektrum zum Vorschein kommt.

Dritte Figur. Hier hat man die Phänomene der beiden obern Figuren vereinigt. Man gab dem einfallenden Licht mehr Breite, machte die Öffnung der Tafel größer, und setzte das Hindernis als einen durchschnittenen Stab vor das Prisma. Dieses ist nun eigentlich die rechte und rechtliche Darstellung desjenigen was Newton durch seine drunter stehende Figur andeuten will, wo das angebrachte Pfötchen mit einem Stäbchen die farbigen Strahlen da wegpariert, wo sie nach der Theorie selbst noch nicht existieren.

Bei unserer dritten Figur sieht man nun freilich ein noch komplizierteres Spektrum am Ende anlangen; allein es ist und bleibt doch immer dasselbe. Wir finden hier eine dreifache Randerscheinung: die erste oben und unten aus dem Prisma, welche nur bis zur Tafel gelangt; die zweite in der Mitte aus dem Prisma, an den beiden Rändern welche das Stäbchen verursacht; die dritte an den Grenzen der Öffnung, welche die Tafel läßt und wodurch die mittlere Erscheinung zugleich durchgeht.

Man begreift bei genauer Betrachtung dieser Normalfigur recht gut, was für verschiedenartige Erscheinungen vorkommen müssen, wenn man das Stäbchen hin und wider bewegt, so daß die dadurch neu entstehenden mit den schon entstandenen sich auf allerlei Weise verbinden, vermischen, sich irren und einander aufheben: welches aber niemanden irre machen wird, der unsere naturgemäße Ableitung kennt.

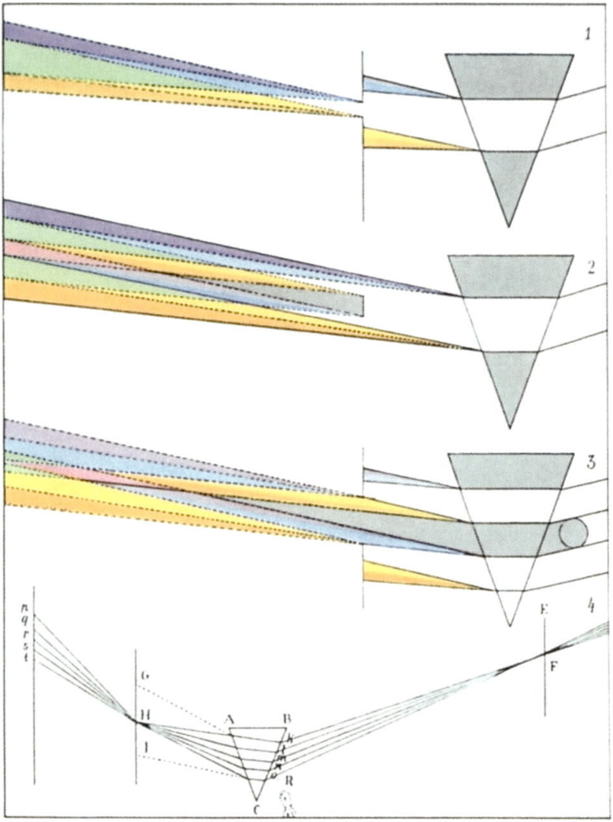

Dreizehnte Tafel

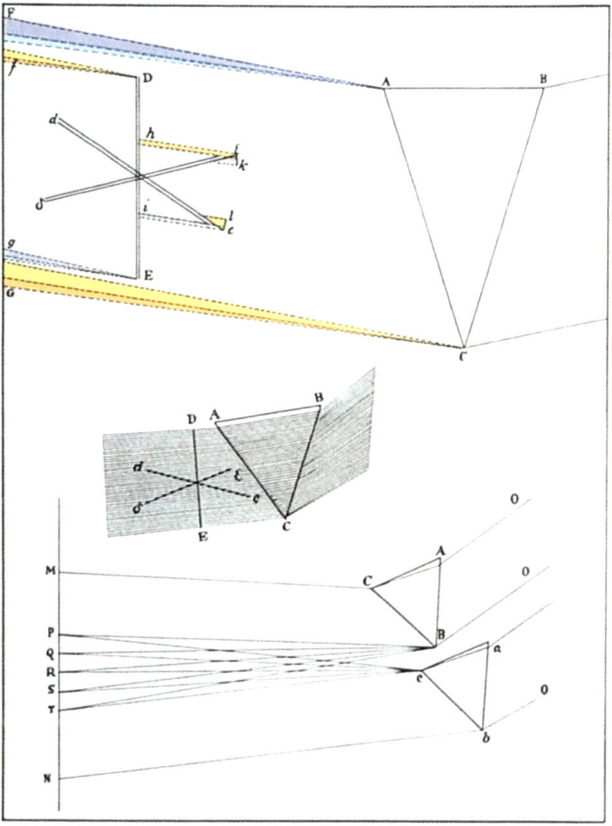

Vierzehnte Tafel

Vierzehnte Tafel

Die mittlere Figur dieser Tafel gehört zum dritten Versuche des zweiten Teils der Newtonischen Optik, und ist von uns (P. 373ff.) schon als captios und falsch gerügt worden. Man vergleiche nunmehr unsre naturgemäße oben drüber gestellte, deren Teile.wir mit denselben Buchstaben bezeichnet haben.

A B C ist hier auch das Prisma, auf welches das volle Sonnenlicht fällt. Bei *A* und *C* geht jedoch die farbige Randerscheinung an, und würde sich, wenn in *F* und *G* eine Tafel stände, daselbst abbilden. *D* und *E* ist nunmehr die von Newton angegebene Tafel, welche ganz innerhalb des weißen Lichtes stehen soll. Von ihren beiden Enden *D* und *E* würden daher naturgemäß abermals farbige Randerscheinungen entspringen und sich in *f g* abbilden.

Ließe man nun die Tafel *D E* unbeweglich stehen, und brächte zwei Tafeln *d e* und δ ε, wie Schaufeln eines Wasserrades, jedoch beweglich an; so würden von den Enden ε und *e* abermals farbige Ränder verursacht werden, die sich auf der Tafel *D E* in *h* und *i* abbildeten. Hier hätten wir also schon die Randerscheinungen dreimal bei diesem Versuche, die jedoch Newton völlig verschweigt. Um nun diejenigen welche er aufführt, und denen zuliebe er seinen Versuch so wunderlich anstellt, vors Auge bringen zu können, haben wir in *l* und *k* ein paar Stifte supponiert, von welchen die Erscheinung abermals hervorgebracht wird, und wodurch noch mehr auffällt, daß es eigentlich ein Rand ist welcher die Farben verursacht, ob ihn gleich Newton gerade durch diesen Versuch ausschließen und beseitigen möchte.

Wer diese beiden Figuren mit Aufmerksamkeit vergleicht, die Newtonische Auslegung und die unsrige wohl beherzigt, der wird hier abermals das seltsamste Beispiel, wie ein Versuch entstellt werden kann, mit Verwunderung wahrnehmen.

Die untere Figur ist die Newtonische zehnte des zweiten Teils und gehört zu dessen dreizehntem Versuch, der bei uns (P. 548ff.) entwickelt worden.

Fünfzehnte Tafel

Gehört zum historischen Teile und stellt die Figur vor, welche *Antonius de Dominis**, zu Versinnlichung dessen was im Regentropfen vorgeht, ausgedacht. In der angezogenen Stelle findet man seine eigene Erklärung. Wenn vom Regenbogen die Rede sein wird, müssen wir uns abermals darauf beziehen. Hier bemerken wir nur, daß er nicht, wie seine Nachfolger, die Sache mit Einem hypothetischen Strahl abtut, sondern den Durchschnitt des auf dem Grunde der Kugel zusammengezogenen Sonnenbildes, durch *g g* bezeichnet, naturgemäß darstellt: welches bei einer gründlichen Erklärung des Regenbogens von großer Bedeutung ist.

---

* Marcus Antonius de Dominis (1566-1624); Mathematiker, Jesuit, Bischof von Segni und Erzbischof von Spalato.

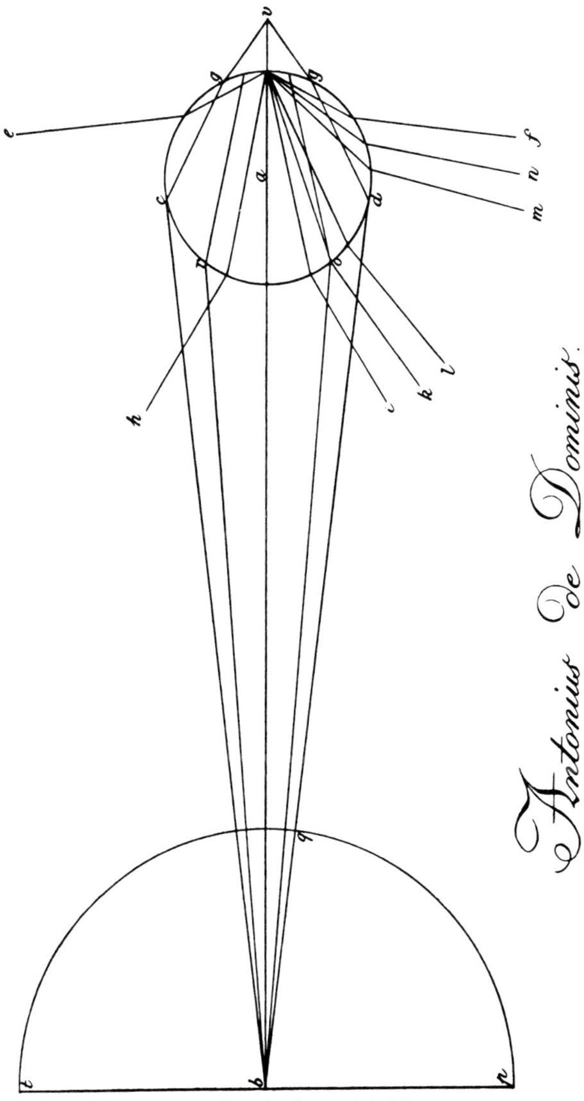

Fünfzehnte Tafel

Das zusammengesetzte hohle Wasserprisma ist hier schwebend vorgestellt. Man kann seine zwei undurchsichtigen bleiernen Seiten von den durchsichtigen gläsernen leicht unterscheiden, und sieht, daß die oberste nicht zugeschlossen ist. Man erkennt das schmale Fensterblei, wodurch das ganze Instrument verbunden wird, indem die Bleizainen* an den Rändern hingeführt und wohl verkittet sind.

Es schwebt das Prisma über seinem Gestelle. Dieses hat zwei Seitenbretter mit Leisten eingefaßt, um das Prisma zu empfangen. Die eine Leiste ist kurz und einfach, die andere länger und eingeschnitten. Dieser Einschnitt dient, wenn das Prisma unmittelbar an den Brettern niedergelassen ist und auf den Leisten ruht, eine ausgeschnittene Pappe vor die eine Fläche des Prismas zu schieben, um dadurch objektive Versuche hervorzubringen, welche mit den subjektiven parallel gehn.

Die erstbeschriebenen Seitenbretter sind durch bewegliche Zapfen mit zwei Pfosten verbunden, und können durch eine Schraube an die Pfosten angezogen, oder von denselben entfernt und also dem Prisma genau angepaßt werden.

Die beiden Pfosten stehen auf einem Boden von starkem Holz, das einwärts vertieft ist, damit das aus dem prismatischen Gefäß allenfalls auströpfelnde Wasser aufgefangen werde. Die Leisten der obenbeschriebenen Seitenbretter gehn unterwärts nicht zu-

* Bleileisten.

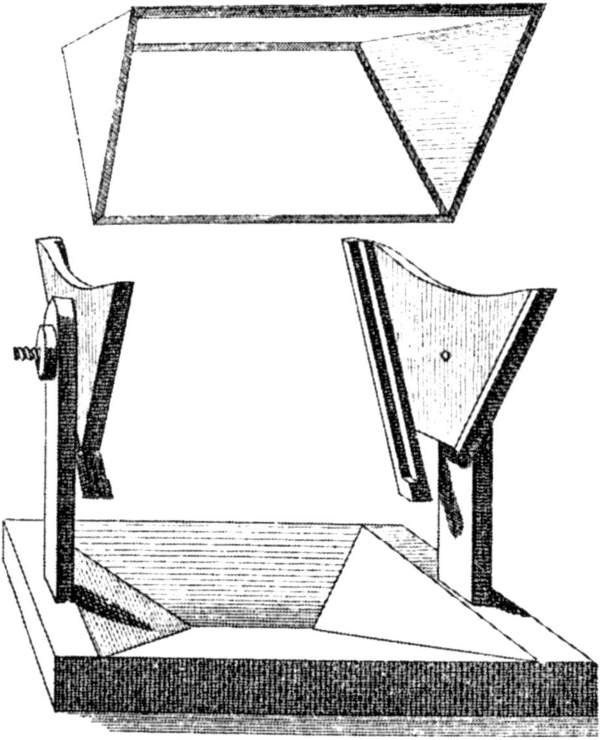

Sechzehnte Tafel

sammen, damit das Wasser ungehindert abträufeln könne.

Ob nun gleich dieses Prisma, wie es hier vorgestellt ist, leicht angeschafft werden und guten Nutzen gewähren kann; so ließe sich doch solches auf mancherlei Weise verbessern. Besonders würde dasselbe sehr gewinnen, wenn man an der einen untern Seite, genau in der Spitze des Winkels, eine mit einem verschlossenen Hahn versehene Röhre anbrächte, so daß man das Wasser bequem ablassen und das Gefäß jederzeit reinigen könnte, welches jetzt nur geschehen kann, indem man es aus dem Gestelle hebt. Wie dieses Erfordernis, und was sonst noch zu wünschen wäre, zu bewerkstelligen sei, wird ein geübter Mechaniker wohl auszudenken wissen.

Anhang

Wer sich mit Farben, ihrer Entstehung, Wirkung und Bedeutung beschäftigt, will Farben sehen und nicht nur von ihnen lesen. Goethe hat in seinem umfänglichen Werk *Zur Farbenlehre* Hunderte von Experimenten beschreibend vorgeführt, doch nur wenige direkt veranschaulicht, will heißen: selbst farbig, zumindest zeichnerisch ad oculos demonstriert. Seine Tafeln zur Farbenlehre waren dem chromatischen Hauptwerk in einem schmalen Sonderkonvolut, zusammen mit den Erklärungen, beigefügt. Sie sind kostbar nicht nur durch ihre Seltenheit, sondern vor allem durch ihre nachempfindbare Genauigkeit des sinnlichen Eindrucks, ja sogar durch ihre bildnerische Strahlkraft – Goethes Gestaltungskunst hatte bekanntlich auch hier ihren Niederschlag gefunden.

Mit der separaten Veröffentlichung dieser Tafeln in der Insel-Bücherei soll die Goethe-Literatur nicht um einen kultischen Beitrag vermehrt werden. Der Leser möge sich angeregt fühlen, die beschriebenen Versuche nachzuvollziehen und, erneut oder erstmals, das Studium von Goethes Farbentheorien aufzunehmen. Zu dem mindestens anderthalbtausend Seiten umfassenden größten naturwissenschaftlichen Werk Goethes versucht das Nachwort eine Brücke zu schlagen, insbesondere zu seiner Entstehung und seiner gleichermaßen die Sphären unseres Lebens und unserer Produktivität berührenden Aktualität: Goethe war nicht – wie die gesamte mathematisierte Physik seit Galilei bis heute – darauf aus, die Natur zu beherrschen. Er wollte einen Dialog mit ihr führen.

J. T.

Der Weg zur Unendlichkeit der Farben in den Grenzen der exakten sinnlichen Phantasie

Die häufig gebrauchte Formel vom ›Augenmenschen Goethe‹ hat den Anstrich aller schlechten Lakonismen bei der Charakterisierung großer Persönlichkeiten. Ein eigentümliches Moment des doch sehr komplexen, vielschichtigen Wesens soll – diesesfalls in fast biologischer Fixierung – den Hallo-Effekt erzeugen, mit welchem bequem auch dessen Werke als ganz eigentümliche auf die Person allein zurückbezogen werden können. Dieser Individualitätskult ist aber nicht dasselbe wie die Verdeutlichung wichtiger Determinanten eines Charakters, die nicht nur die Fähigkeit zu einer bestimmten Produktivität, sondern mehr noch das aus tiefstem Interesse gespeiste Festhalten an derselben erklärt. Die Goethe manchmal fast zu erdrücken drohende Masse seiner Begabungen, die Universalität seiner Interessen und Beschäftigungen, vor allem das intensiv Umfangende seiner Auffassungs- und Gestaltungskraft, das sich auch im Detail als fruchtbar erweist, verbieten es, ihn auf eine Komponente allein festzulegen. Was aber nicht ausschließt, daß gerade das jeweils unvergleichlich Prägnante in diesen vielen Einzelheiten als einzigartig sich darstellt. Dazu gehört zweifellos das sublim Anschauliche in seiner Art, die Welt zu erfassen, sie zu sehen und sichtbar zu machen (und das hat mit der individuell-physiologischen Sehschärfe, die nach neueren Untersuchungen gar nicht so optimal war, wenig zu tun). Goethes Auffassungsweise liegt in des Wortes ureigener, vom Jugendfreund Friedrich Heinrich Jacobi erstmals formulierter Bedeutung eine ›Weltanschauung‹ zugrunde, und wie sein Türmer Lynkeus am Ende des *Faust II* scheint er »zum Sehen geboren, zum Schauen bestellt«. Daß das Auge von allen Sinnesorganen am meisten dazu geeignet sei, die Wahrheit des Wirklichen zu erfassen, und daß es der Vernunft am nächsten käme, bezeugten schon vor und neben ihm viele Geistesgenossen. So sagte Herder in seiner *Metakritik zur Kritik der reinen Vernunft* (deren eine Aufgabe die Rettung unserer Sinne vor dem Kantschen Apriorismus sein soll): »[. . .] die festesten und feinsten Gesetze einer Zusammenordnung der Dinge nach Abgrenzung, Licht, Farben und Gestalten, kurz, eine *Logik des Sehens* ist dem Verstande durch die Form seines Werkzeuges selbst gegeben.« In verwandtem, jedoch noch weiter überhöhendem Sinne heißt es bei Goethe in einem seiner *Sprüche in Prosa*: »Das Gesicht ist der edelste Sinn, die anderen vier belehren uns nur durch die Organe des Takts: wir hören, wir fühlen, riechen und betasten alles durch Berührung; das Gesicht aber steht unendlich höher, verfeint sich über die Materie und nähert sich den Fähigkeiten des Geistes.« Eine ans Spirituelle grenzende Verallgemeinerung des Befundes seiner selbst also, der schon sehr früh zu konstatieren ist.

Vom Zehnjährigen ist die erste außergewöhnliche Äußerung über Farbenerscheinungen überliefert. Bereits »durch den Umgang mit Künstlern von Jugend auf und durch eigene Bemühungen«, bekundet Goethe rückschauend, »wurde ich auf den wichtigsten Teil der Malerkunst, auf die Farbengebung aufmerksam gemacht [. . .]«. Als Jurastudent in Leipzig hörte er, neben so vielen anderen ›fachfremden‹ Darbietungen, Vorlesungen bei dem Physiker Johann Heinrich Winkler und nahm an Experimenten à la Newton teil (ohne sich indes später noch einen Begriff davon machen zu können). Doch zunächst artikuliert sich Goethes Interesse an den Farben fast ausschließlich in der Dichtung. Hier wird auffallend häufig die sinnliche Phantasie zum Organon, die Phänomene des Sichtbaren: den Silberglanz des Mondes, die Effekte der Dämmerung und des Sonnenaufgangs, die grünende Frühlingslandschaft, das wechselnde Farbenspiel, den Kontrast zwischen Hell und Dunkel usw., in Metaphern zu bannen und die genaue Beobachtung zur poetischen Intuition zu steigern. Solcherart führt das Poetische, lange bevor die Beschäftigung mit der Farbenlehre einsetzt, auch, ja gerade besonders intensiv zur Erkenntnis, wenn es auch keineswegs in seiner Eigenständigkeit beschnitten und etwa zu einer nur ahnungsvollen Vorstufe der Theorie herabgesetzt werden kann. Denn in ihrem ausdrücklichen Bezug zum herrlich Leuchtenden in der Natur ist Dichtung mit allegorischer Vieldeutigkeit oder auch mit einfachster, trotzdem nicht zu analysierender Symbolkraft geladen, die sich letztlich dem Begriff entzieht. Und wenn die Naturbilder stimmen – bei Goethe stimmen sie immer –, dann leisten sie das Gegenteil von Illuminierung, Verklärung, Vergoldung, nämlich: realistische Darstellung, die ihre Gegenstände wesentlich in das unmittelbarste Verhältnis zum Wahrnehmenden bringt.

Neben der Poesie zeigt die Korrespondenz des jüngeren Goethe vielfältig seine starke Ergriffenheit von bestimmten Natureindrücken, die augenblickliche Stimmung mischt sich in die Beobachtung, und wenn noch Eros der privaten Mitteilung beiwohnt, wird das Bild umso schöner. Am 13. September 1777 schreibt Goethe von der Wartburg an Charlotte von Stein in Kochberg: »Liebste, diesen Abend denck ich mir Sie in Ihrer tiefe um Ihren Graben im Mondschein beym Wachtfeuer denn es ist kühl. In Wilhelmsthal ist mirs zu tief und zu eng [...] Hieroben! Wenn ich Ihnen nur diesen Blick der mich nur kostet aufzustehn vom Stuhl hinüberseegnen könnte. In den Wiesgen, Büsche, Wälder und Waldblösen, die Felsen Abhänge davor, und hinten die Wände, und die der Schatten des Schlossbergs und Schlosses unten alles finster hält und drüben an den sachten Wänden sich noch anfasst wie die nackten Felsspizzen im Monde röthen und die lieblichen Auen und Thäler ferner hinunter, und das weite Thüringen hinterwärts im dämmer sich dem Himmel mischt.« Andere Schilderungen, von den Harzreisen zum Beispiel, mögen farbiger sein, hier hingegen wird der Einbruch der Nacht beschrieben, aber aus den Hell-Dunkel-Kontrasten dieses Anblicks treten die Konturen der Landschaft mit ihrer Perspektive bis in den Dämmerungshimmel hinein ungeheuer eindringlich hervor.

Der Anstoß zur Entschlüsselung des für Goethe wichtigsten Elements dieser aufs Auge wirkenden Erscheinung erfolgte unter einem anderen Himmel. Während seiner italienischen Reisen ist ihm die Problematik des Farbenwesens zum ersten Mal wohl in Venedig aufgegangen – als Rätsel des Kolorits. Er löst es zunächst auf eine selber problematische Art, indem dabei die Bewunderung mit dem Ressentiment, die allgemeingültige Erfahrung mit der gewissermaßen topographischen Verengung verquickt werden. Unter dem Eindruck eines Gemäldes von Paolo Veronese heißt es (am 8. Oktober 1786): »Meine alte Gabe, die Welt mit Augen desjenigen Malers zu sehen, dessen Bilder ich mir eben eingedrückt, brachte mich auf einen eignen Gedanken. Es ist offenbar, daß sich das Auge nach den Gegenständen bildet, die es von Jugend auf erblickt, und so muß der venezianische Maler alles klarer und heiterer sehn als andere Menschen. Wir, die wir auf einem bald schmutzigkotigen, bald staubigen, farblosen, die Widerscheine verdüsternden Boden und vielleicht gar in engen Gemächern leben, können einen solchen Frohblick aus uns selbst nicht entwickeln.« Eine Betrachtung, die offenkundig auch den Ekel verrät, den Goethe über die just hinter ihm liegenden Verhältnisse der kleinstaatlichen Enge, die gescheiterten politischen Reformpläne und die Frustration seines Schöpfertums in Weimar empfand. Immerhin kam er hierbei erstmals zu der bleibenden Erkenntnis, daß »sich das Auge nach den Gegenständen bildet«. Die »Herrlichkeit der neuen Gegend« weitete sein Herz und seinen Blick. Kontakte und Freundschaften mit deutschen Malern und Kunstkennern vor allem in Rom, Neapel und auf Sizilien forcierten Goethes extensives und intensives Studium der von der Antike und mehr noch der Renaissance überkommenen Schätze bildender Kunst und Architektur auf den vielen Stationen seiner Reisen. Das stattliche Konvolut seiner in Italien entstandenen und oft gelungenen Zeichnungen von Land und Leuten zeigt, wie sehr er selbst bemüht war, über bloßen Dilettantismus auch auf dieser Strecke seiner Begabungen hinauszugelangen. Am nachhaltigsten jedoch sollte im Bereich des Bildnerischen die Wirkung sein, die von seinen im kunstfachlichen Gespräch keimhaft entwickelten Gedanken zu Gesetzen, die der Malerei und besonders ihrem Kolorit zugrunde liegen mochten, ausging. Begleitet von dem Landschafts- und Porträtzeichner Christoph Heinrich Kniep, notierte Goethe z. B. bei der Überfahrt von Neapel nach Palermo (unter dem Datum vom 3. April 1787): »Übrigens hat er mir, die langen Stunden der Überfahrt zu verkürzen, das Mechanische der Wasserfarbenmalerei [. . .] aufgeschrieben: versteht sich, den Gebrauch gewisser Farben, um gewisse Töne hervorzubringen, an denen man sich, ohne das Geheimnis zu wissen, zu Tode mischen würde. Ich hatte wohl in Rom manches davon erfahren, aber niemals im Zusammenhange. Die Künstler haben es in einem Lande ausstudiert wie Italien, wie dieses ist. Mit keinen Worten ist die dunstige Klarheit auszudrücken, die um die Küsten schwebte, als wir am schönsten Nachmittage gegen Palermo anfuhren. Die Reinheit der Konture, die Weichheit des Ganzen, das Auseinanderweichen der Töne, die Harmonie von Himmel, Meer und Erde. Wer es gesehen hat, der hat es auf sein ganzes Leben.« Von der praktischen Anwendung der Kunstmittel wird ausgegangen, dann aber wechselt das Thema unvermittelt auf das Natursujet über, das nun auch nicht mehr mittels einfacher Bildbeschreibung wiedergegeben wird, sondern in welchem sich bereits Begriffe vorfinden, die Goethes theoretische Ambition ankündigen.

Die ausführlichste Auskunft über den eigentlichen Ursprung der *Farbenlehre* liefert die »Konfession des Verfassers« am Schluß seines chromatischen Hauptwerkes. Wie bei allen größeren autobiographischen Darstellungen Goethes ist darin eine bestimmte didaktische Absichtlichkeit, ja Selbststilisierung zum Zwecke der Konzentration auf den besonderen Entwicklungsgang – hier also zur Farbenlehre – unverkennbar. Aus manchen Passagen könnte man den Eindruck gewinnen, als seien beispielsweise die Jahre 1786 bis 1788 in Italien von vornherein als umfassender Elementarkursus im Fache der Kunst- und Farbentheorie geplant gewesen. Hat man dagegen parat, daß der jähe Antritt der Reise durch eine gefährliche persönliche Krise verursacht war, daß während des Selbstfindungsprozesses große Dichtungen vollendet, weitergeführt oder neu geschaffen wurden, daß daneben und mindestens gleichgewichtig auch andere folgenreiche naturwissenschaftliche Entdeckungen und Studien in diese Zeit fallen, daß Goethe nicht nur die Schätze der Antike, sondern auch diejenigen der Gegenwart, das Leben des italienischen Volkes in dessen eigener machtvoller Kreativität (beim römischen Karneval) und schließlich das Abenteuer der Liebe neu kennenlernte und lyrisch gestaltete, dann relativiert sich die so gradlinig und verabsolutiert beschriebene Inkubationsphase vor dem eigentlichen Beginn seiner Farbentheorie von selbst. Goethe streift denn auch in der »Konfession« den »Zudrang so vieler unendlicher Gegenstände«, die ihn anhielten, »alles bisher Gewähnte wegzuwerfen«. Gleich zu Beginn der Einleitung zum Ersten Stück seiner *Beiträge zur Optik* von 1791 hat er schon die ungeheure Intensität der Licht- und Farbenerlebnisse unter dem südlichen Himmel hervorgehoben: »Eben so wird es uns, wenn wir eine Zeitlang in dem schönen Italien gelebt, ein Märchen, wenn wir uns erinnern, wie harmonisch dort der Himmel sich mit der Erde verbindet und seinen lebhaften Glanz über sie verbreitet. Er zeigt uns meist ein reines tiefes Blau; die auf- und untergehende Sonne gibt uns einen Begriff vom höchsten Rot bis zum lichtesten Gelb [. . .] Eine blaue Ferne zeigt uns den lieblichsten Übergang des Himmels zur Erde, und durch einen verbreiteten reinen Duft schwebt ein lebhafter Glanz in tausendfachen Spiegelungen über der Gegend. Ein angenehmes Blau färbt selbst die nächsten Schatten; der Abglanz der Sonne entzückt uns von Blättern und Zweigen, indes der reine Himmel sich im Wasser zu unseren Füßen spiegelt. Alles, was unser Auge übersieht, ist so harmonisch gefärbt, so klar, so deutlich, und wir vergessen fast, daß auch Licht und Schatten in diesem Bilde sei.« Das Milieu, dem Goethe ein solches Hohelied singt, scheint zunächst von dem günstigen Breitengrad, unter dem es liegt, abhängig zu sein, und es besteht wohl kein Zweifel an der Eindringlichkeit eines buchstäblichen Lokalkolorits, an dem sich Wahrnehmungs- und Urteilsvermögen bilden können. Überdies erhellt diese auf den in Italien gewonnenen Erfahrungsschatz rekurrierende Präambel zum ersten systematischen Farbenlehretext, daß es hier um die reine Betrachtung der Natur geht, so, wie diese sich gibt, ohne fremde Zutat. Drittens liefert die Beschreibung eine Wertwägung von Farben, sogar von

Schatten (die farbigen Schatten sind ein frühes und auch fortan wichtiges Thema der Goetheschen Theorie), das beweisen die starken Attribute. In der »Konfession« berichtet nun der Verfasser ausführlich, wie er den Schritt von der Farbenimpression über die Farbenspekulation (neben den Schatten hatte ihn vorerst die Entstehung und Wirkung der blauen Farbe beschäftigt) zur Farbenkonzeption vollzog. Sein Ungenügen an den bislang aufgestellten Regeln der Dichtkunst ließ ihn nach vergleichbaren Regeln außerhalb derselben suchen: »[. . .] ich erfreute mich an der Art, wie ich sah, daß Poesie und bildende Kunst wechselseitig aufeinander wirken könnten.« Der Konjunktiv ist bemerkenswert; denn die komparatistische Theoriebildung, die sich zunehmend auf die Malerei und insbesondere deren Farbenkomponente konzentrierte, wurde durch die Unerklärlichkeit der an exemplarischen Gemälden vorgefundenen Farbgebungen blockiert. Zu dürftig erschien ihm die gängige Einteilung in ›warme‹ und ›kalte‹ oder sich gegenseitig fördernde Farben, unergiebig, was die ihm bekannten Künstler selbst sowie die ästhetischen und kunsthistorischen Lehrbücher darüber vermerkten. Die bohrende Frage nach einem an sich untergeordneten Regelwesen für das Machen von Bildern – untergeordnet ebenso wie die richtige Proportionierung, Formgebung, Perspektive usw., dazu noch abgeleitet, weil die Produzenten von Bildern ihre Farbenwahl, -mischung und -kontrastierung wohl immer zuerst intuitiv und nicht nach einem Gesetzeskanon im Nachhinein zu bewerkstelligen pflegen –, diese Frage führte Goethe auf den Punkt, der 1788 zum

Umschlagspunkt für die bis dahin exklusiv ästhetische Motivation seiner Farbenstudien werden sollte: »Ich hatte nämlich zuletzt [noch in Italien, J. T.] eingesehen, daß man den Farben, als physischen Erscheinungen, erst von der Seite der Natur beikommen müsse, wenn man in Absicht auf Kunst etwas über sie gewinnen wolle. Wie alle Welt, war ich überzeugt, daß die sämtlichen Farben im Licht enthalten seien; nie war es mir anders gesagt worden, und niemals hatte ich die geringste Ursache gefunden, daran zu zweifeln, weil ich bei der Suche nicht weiter interessiert war.« Eine Goethe sehr gemäße Haltung. Sie bezeugt sowohl seinen Drang, alle Dinge zu objektivieren (den Erscheinungen ›erst von der Seite der Natur‹ beizukommen), mithin eine durchaus materialistische Methode, als auch seine Universalität, die unter Heranziehung alles verfügbaren Wissens den Detailbereich auszuloten sich anschickt. Die Anleihe der Kunsttheorie bei der Physik wird aber (wenigstens der Absicht nach) zu einer Emanzipation von der bloßen Kunsttheorie und zu einer Expropriation der ganzen herrschenden Physik.

Nach Weimar zurückgekehrt, wollte sich Goethe, laut seiner »Konfession«, mittels der Physik endgültig Gewißheit verschaffen und seinen mannigfaltigen Erfahrungen dadurch ein festes Fundament geben. Er nahm sich vor, die hierfür maßgebende Theorie der Epoche, Newtons *Optics*, experimentell nachzuvollziehen. Andere Geschäfte hinderten ihn viele Monate lang daran, die vom Hofrat Büttner aus Jena zu diesem Zwecke entliehenen Prismen zu benutzen. Wiederholt hatte der Physiker und Philologe höflich um

Rückgabe des kostbaren Instrumentariums gebeten. Die folgende, im Zusammenhang mit der Goetheschen Farbenlehre wohl am meisten zitierte Passage der Konfession läßt an Dramatik nichts zu wünschen übrig. Einem ›Aperçu‹ will die jahrzehntelange Arbeit ihre Entstehung zu verdanken haben. Aperçu nicht im Sinne eines blitzenden Einfalls aus wolkenlosem Himmel ohne Folgen, sondern, so Goethe, als »ein Gewahrwerden dessen, was eigentlich den Erscheinungen zum Grunde liegt«. Oder gleichnishafter: »Ein entschiedenes Aperçu ist wie eine inokulierte Krankheit anzusehen: man wird sie nicht los, bis sie durchgekämpft ist.« Solche Eingebungen folgen, wie bei manchen Entdeckungen von Format (Goethe selbst zitiert als Partner derartiger Initiationserlebnisse Galilei und Newton), scheinbar dem Zufall. Die plötzliche Eingebung braucht freilich das passende Gefäß und wird somit denn doch zum Gesetz. Goethe hatte sich, seit November 1789 im Jägerhaus in der Marienstraße unweit vom Frauenplan wohnend, zur Rücksendung des Instrumentariums entschlossen: »Schon hatte ich den Kasten hervorgenommen, um ihn dem Boten zu übergeben, als mir einfiel, ich wolle doch noch geschwind durch ein Prisma sehen [. . .] Eben befand ich mich in einem völlig geweißten Zimmer; ich erwartete, da ich das Prisma vor die Augen nahm, eingedenk der Newtonischen Theorie, die ganze weiße Wand nach verschiedenen Stufen gefärbt, das von da ins Auge zurückkehrende Licht in soviel farbige Lichter zersplittert zu sehen. [. . .] Aber wie verwundert war ich, als die durchs Prisma angeschaute weiße Wand nach wie vor weiß blieb, daß nur da, wo ein Dunkles dran stieß, sich eine mehr oder weniger entschiedene Farbe zeigte, daß zuletzt die Fensterstäbe am allerlebhaftesten farbig erschienen, indessen am lichtgrauen Himmel draußen keine Spur von Färbung zu sehen war. Es bedurfte keiner langen Überzeugung, so erkannte ich, daß eine Grenze notwendig sei, um Farben hervorzubringen, und ich sprach wie durch einen Instinkt sogleich vor mich laut aus, daß die Newtonische Lehre falsch sei.«

Das ist die Goethesche Farbenlehre in nuce, der Ausgangspunkt seiner ungeheuren Expedition durch die Farbenwelt und – die Offenbarung eines unabweislichen Fehlers, der auf dem Augenschein beruht (welchem auch der Leser, wenn er sich unvoreingenommen und nach Goethes Vorschrift des Prismas bedient, anheimfällt).

Die darauf aufbauenden ersten systematischen und experimentellen, aber mit der Theorie noch recht zurückhaltenden Untersuchungen der Farbenphänomene veröffentlichte Goethe 1791 bis 1792 als *Beiträge zur Optik*. Ein relativ schmales Werk, gegliedert in zwei Stücke und, von der Beschreibung seiner Farbtafeln und eines von ihm konstruierten großen Wasserprismas, einer ›Nacherinnerung‹ und der abschließenden Erklärung des Kupferstichs von jenem Prisma abgesehen, nach 122 kurzen Abschnitten bzw. Thesen durchnumeriert. Der Titel ist zurückhaltend und anspruchsvoll zugleich. Denn von bloßen ›Beiträgen‹ zur ›Optik‹, d. h. jenem Teil der Physik, in welchem sich Newtons bahnbrechende Theorie auch dem Namen nach generell durchgesetzt hatte, kann hier eigentlich nicht die Rede sein. Gewissermaßen nur mit einem Pizzikato vor dem größeren Orchestereinsatz behandelt Goethe in fünf der einleitenden Paragraphen – und selbst darin noch sehr verhalten – die vermeintliche Fragwürdigkeit und Abstraktheit des Newtonschen Systems, um sich von dem 33. Paragraphen an insbesondere den von ihm selbst angeordneten Versuchen mit Prismen und Farbtafeln zu widmen. Noch eine formelle Referenz vor dem Fachkanon ist der Gebrauch des Begriffs ›Strahlung‹, der später bei Goethe, außer in der Metapher, nicht mehr vorkommt. Recht ungewöhnlich definiert er im zweiten Stück der Beiträge ›Strahlung‹ als das Erscheinen farbiger Streifen beim Blick durchs Prisma, wo dieselben ans Weiße bzw. Schwarze angrenzen. Gegenüber dem Begriff Strahlung, den die Physik cum grano salis schon seit Newtons Zeiten als homogene, gerichtete Strömung materieller Teilchen bestimmt, ist Goethes Erklärung geradezu disparat. Seine Strahlung verkümmert zu einem Randphänomen. Der Akzent der *Beiträge zur Optik* liegt auf der Veranschaulichung und dem experimentellen Nachweis des Goetheschen Axioms, daß Farben Mischprodukte von Licht und Finsternis seien und die durchs Prisma erkennbaren farbigen Streifen, die das Regenbogenspektrum deutlich halbieren, eigens von Grenzen: den dunkleren Rändern im Blickfeld vor dem hellen Hintergrund, herrühren. Und zu dieser Erkenntnis, so Goethe, brauche es gar nicht einmal des dazwischen geschobenen Glaskörpers, die Natur gewähre sie uns auch ohne Instrument.

Die Resonanz auf diese Aufsätze in der Fachwelt war, wie bei den meisten seiner naturwissenschaftlichen Publikationen am Anfang, sehr verhalten und der Beistand, den Goethe erwartet, sogar ausdrücklich erbeten hatte, erschreckend gering. Georg Christoph Lichtenberg zum Beispiel, den er als Aphoristiker bewunderte, der seine Begeisterung für Spinozas Philosophie so nachdrücklich teilte und dessen Autorität in der Physik Goethe dadurch schmeichelte, daß er ihn in den *Beiträgen* respektvoll zitierte, reagierte zwiespältig. Lebhaftes Interesse bekundete er sowohl an Goethes originellen Gedanken zur Lehre der farbigen Schatten, die dieser eigentlich als dritten ›Beitrag‹ zu veröffentlichen gedachte, als auch an dem möglichen physiologischen Ertrag dieser Studien: »Es ist z. B. gewiß«, schrieb Lichtenberg aus Göttingen am 7. Oktober 1793 an Goethe in Weimar, »daß wenn man lange durch ein rotes Glas sieht und zieht es plötzlich vor den Augen weg, so erscheinen die Gegenstände einen Augenblick grünlich; sieht man hingegen durch ein grünes Glas, so erscheinen sie alsdann rötlich [. . .] Mit einem Wort, ich glaube, die Sache ist sehr wichtig und ich verspreche mir von Ew. Excellenz Bemühungen nach diesem Anfange sehr viel. Ich werde gewiß, soviel es die Umstände verstatten, mitarbeiten und nicht versäumen, Denselben Nachrichten zu geben . . .« Bald darauf aber hüllte er sich in ein höfliches, nichtsdestoweniger beredtes Schweigen, weil er offenbar Goethes Rütteln an den Fundamenten der Newtonschen Physik für die Grille eines Dilettanten hielt. Die Lehre des großen Engländers galt ihm als unerschütterlich, dessen universelle Methodik zur Bestimmung der physischen Welt als Prototyp von Wissenschaft überhaupt. Was ihm Lichtenberg vorenthalten mußte, konnte Schiller ihm später gewähren: den Zuspruch zum einmal eingeschlagenen Wege. Freilich nicht als Physiker, sondern als Philosoph, indem er weniger Goethes Methodik in der Farbenbestimmung unterstützte, als vielmehr deren Ziel, das Goethe als eines seiner ›Urphänomene‹ herausstellte. Allerdings wollte der Kantianer Schiller darin lieber ›Ideen‹ sehen, denen kein kongruierender Gegenstand in den Sinnen entspräche, was nun freilich ganz und gar nicht goethisch war.

Unbeirrt von der Indolenz oder dem abweisenden Verhalten der Leute vom Fach entwickelte Goethe nach diesem Vorspiel sukzessive sein chromatisches Hauptwerk *Zur Farbenlehre*. Wieder ein Titel, der wegen seiner Präposition ›Zur ...‹ den Eindruck erwecken könnte, das Werk sei ein Beitrag zu bereits Vorhandenem. Doch spätestens seit der Renaissance sind Titelgebungen mit dem Moment des Versuchshaften, gar Beiläufigen im Schwange, und bei Goethes größtem und stolzestem Forschungswerk kann von einer Selbstbescheidung der programmatischen Absicht keine Rede sein. Daß der Untertitel zum ersten der drei Teile der Farbenlehre, zu dem »Didaktischen Teil«, überdies noch »Entwurf einer Farbenlehre« heißt, wollte Arthur Schopenhauer, der im Gefolge Goethes nun erst zum Wesenskern der Sache vorzudringen meinte, für ein Eingeständnis des ›Vorgängers‹ halten, er habe lediglich den Auftakt geben wollen. In Anbetracht der großangelegten systematischen Abhandlung des Gegenstandes, die auch den philosophischen Aspekt mitnichten ausspart, ist das eine absurde Unterstellung.

Die Arbeit am Hauptwerk nahm Goethe fast zwanzig Jahre lang (natürlich nicht ausschließlich) in Anspruch. Auf den grundsätzlichen, konstitutiven ersten Band, den »Didaktischen Teil«, folgte, für seinen gegenüber ›literarischen Händeln‹ sonst so allergischen Verfasser ebenso ungewöhnlich wie bedenklich, als zweiter der »Polemische Teil«, der sich ausschließlich mit den Goethe wichtig erscheinenden Kapiteln aus dem 1. Buch von Newtons Optik auseinandersetzt, während im dritten, den »Materialien zu einer Geschichte der Farbenlehre«, der dem Umfang nach die beiden ersten um etliches übertrifft, die Theoriegeschichte bis zu Goethes Gegenwart aufgearbeitet und eine von dem spezifischen Naturgegenstand ausgehende Geschichtsphilosophie entwickelt wird. Dahingestellt sei hier die Darstellung der einzelnen Arbeitsetappen mit ihren Überschneidungen, Vor- und Rückgriffen – ein Werkprozeß dieses Ausmaßes verläuft nicht schlechthin linear, und Goethe betrachtete ihn eigentlich bis zu seinem Tode nicht als abgeschlossen. Trotzdem bezeichnet das Jahr 1810, da das Werk *Zur Farbenlehre* als Ganzes im Druck erschien, die wesentliche Zäsur dieses Prozesses. An dem ausgereiften Werk wollte er gemessen werden, und an ihm maß er alles, was noch folgte. Als ihm 1813 ein neuer Typ von Farbenerscheinungen durch die Entdeckung des die Grundsätze seiner Farbenlehre damals teilenden Physikers Seebeck bekannt wurde, beschäftigte er sich ausgiebig damit, um sie später als großartige Ergänzung und natürlich als Bestätigung seiner Lehre zu bewerten. Diesen ›entoptischen Farben‹, die seiner Auffassung vom Agieren und Reagieren der Farben im Sinne von Polarität und Steigerung, hier in Form besonderer mehrfacher Spiegelungen und mittels besonderer lichtdurchlässiger Medien, entsprachen, widmete er 1820 (neben anderen Einzelbeschreibungen) einen Aufsatz als zusätzliches Kapitel zur Farbenlehre. Wie bereits während der Zeit der Ausarbeitung des Opus magnum flankierte eine Reihe von Aufsätzen, Vorträgen, Maximen, Übersichten, schematischen Darstellungen speziellerer und allgemeinerer Art Goethes beharrliche Untersuchungen zum Thema. »Ernten ist schwieriger als säen«, lautet eine seiner paradoxen Maximen. Aber er läßt sich von der 1810 eingebrachten Ernte auch durch alles, was danach kommt, nichts nehmen. Seine schon 1791 eingenommene Grundposition wird davon nur bestätigt und erhärtet, niemals korrigiert – »der an einen Stern Gebundene kehrt nicht um«, sagt Leonardo da Vinci.

Goethes Wissenschaftsmethodik weist eine Reihe von Merkmalen auf, die so selbstverständlich nicht sind, daß sie jedermann als – wissenschaftlich ästimieren würde: Frische der unmittelbaren Wahrnehmung, Fleiß des Sammelns, Strenge der Ordnung, souveräne Sicherheit im Vergleichen und Kraft des Gedankens, über allem aber eine einzigartige Anschauungskraft. Sein Herangehen erscheint zunächst als rein induktiv. »Die Lust zum Wissen«, so beginnt die Einleitung, »wird bei dem Menschen zuerst dadurch angeregt, daß er bedeutende Phänomene gewahr wird, die seine Aufmerksamkeit an sich ziehen. Damit nun diese dauernd bleibe, so muß sich eine innigere Teilnahme finden, die uns nach und nach mit den Gegenständen bekannter macht. Alsdann bemerken wir erst eine große Mannigfaltigkeit, die uns als Menge entgegendringt. Wir sind genötigt, zu sondern, zu unterscheiden und wieder zusammenzustellen; wodurch zuletzt eine Ordnung entsteht, die sich mit mehr oder weniger Zufriedenheit übersehen läßt. [. . .] Dieses in irgend einem Fache nur einigermaßen zu leisten, wird eine anhaltende strenge Beschäftigung nötig. Deswegen finden wir, daß die Menschen lieber durch eine allgemeine theoretische Ansicht, durch irgend eine Erklärungsart die Phänomene bei Seite bringen, anstatt sich die Mühe zu geben, das Einzelne kennen zu lernen und ein Ganzes zu erbauen.« Wie konsequent der Anspruch einer »anhaltenden strengen Beschäftigung« in der Farbenlehre durchgehalten ist, mag jeder, der sie liest und dazu eine Anzahl der empfohlenen Hunderte von Versuchen nachvollzieht, mit viel Bewunderung oder vielleicht mit einigem Erschrecken feststellen. Pure Induktion allerdings führte zu keinem System. Goethe begnügt sich nicht mit dem jeweils singulär bedeutenden Eindruck der Phänomene, auch nicht mit der additiven Ordnung ihrer Mannigfaltigkeit, sondern er breitet ihren Gehalt in einem Beziehungsgefüge aus zwecks Errichtung eines Ganzen. Niemals die Einzelerscheinungen vernachlässigend, doch sie in einer originellen Weise rubrizierend und an jeder von ihnen die durchgängige Gesetzlichkeit buchstäblich wahrnehmend, verfährt er systematisch (eben nicht bloß empirisch) und lehnt sich mit seinem Ordnungsprinzip nicht nur an in der bisherigen Optik gültige Einteilungen, sondern auch an die berühmte (besonders alle biologischen

Erscheinungen erfassende) Klassifizierung Carl von Linnés an.

Goethe erstrebt höchst gewissenhaft, fast pedantisch eine Erklärung der Farbenwelt sub specie aeternitatis. Ein Prinzip muß zugrundeliegen, nach welchem die augenscheinlichsten Eindrücke immer und überall dieselbe Gültigkeit haben. Und das Engagement im genau beobachteten Detail hat den Überschwang bloß gedanklicher Spekulation, der ›allgemeinen theoretischen Ansicht‹, zu verhindern. Doch wie kann diese Mannigfaltigkeit des Sichtbaren, die von der Wahrnehmung weniger Lichtquanten (von der Goethe noch nichts wissen konnte) bis zum gerade noch erträglichen Anblick der Sonne, von der feinsten visuellen Farbnuance bis zu der synthetisierenden Anschauung einer ganzen Farbenharmonie auf der Erde und am Himmel reicht, gewissermaßen in einem Gebäude untergebracht werden? Die konkrete Architektur der Farbenlehre, die bis in die kleinsten Bauelemente durchorganisiert ist, zeugt von einer anders planenden Kraft als der eines bloß induktiv vorgehenden Empirikers, von einer anderen Methodik als der des isolierenden Beobachters, von einem anderen Strukturprinzip als dem eines zwar auch vom sichtbaren Phänomen ausgehenden, dann aber abstraktmathematisch deduzierenden exakten Wissenschaftlers. Just das Attribut ›exakt‹ aber wird von Goethe als Unterscheidungsmerkmal abgelehnt. Seinem Ordnungsprinzip liegt eine Erkenntnisbestimmung zugrunde, die zwar in der Sinneserfahrung ihr Genüge zu finden behauptet, dieselbe aber in einem nie dagewesenen Maße der Forderung nach Genauigkeit,

Gründlichkeit und Verallgemeinerungsfähigkeit unterwirft. In seiner kleinen Besprechung von Stiedenroths *Psychologie zur Erklärung der Seelenerscheinungen* (1824) plädiert Goethe – hier als Anwalt der Kunst gegen den Alleinanspruch der Wissenschaft auf diese Methodika – für deren Geltung in beiden Bereichen. Die erstaunliche, nicht genug zu beherzigende Stelle lautet: »So wird ein Mann, zu den sogenannten exakten Wissenschaften geboren und gebildet, auf der Höhe seiner Verstandesvernunft nicht leicht begreifen, daß es auch eine exakte sinnliche Phantasie geben könne, ohne welche doch eigentlich keine Kunst denkbar ist.« Damit scheint er Unvereinbares koppeln zu wollen: Exaktheit, Sinnlichkeit, Phantasie waren vor Goethe und sind nach ihm Erkenntniskriterien, die jeweils anderen Bezugssystemen beizuordnen wären. Als exakt gelten in der neueren Geschichte die logisch vollständig definierten und quantitativ-mathematisch begründeten Wissenschaftszweige, die gerade das assoziativ Anschauliche der Phantasie, bei Goethe noch dazu als sinnliches betont, sich grundsätzlich vom Leibe halten müssen. Goethe steckt nicht einfach die Grenzen weiter, er leugnet sie. Seine exakte sinnliche Phantasie ist gleichermaßen für die wissenschaftliche Betrachtungsweise zuständig. Auch in ihr sollen die fünf Sinne souverän und mit aller Strenge, eben exakt regieren. Die alte scholastische These: Sensus stat singularitatem, wonach also die Sinne den Einzelheiten verhaftet bleiben, kehrt sich gewaltig um in die einer Wahrnehmung von Ganzheit – vor allem durch die Sinne: »Da im Wissen sowohl als in der Reflexion kein Ganzes zusammengebracht werden kann, weil jenem das Innre, dieser das Äußere fehlt; so müssen wir uns die Wissenschaft notwendig als Kunst denken, wenn wir von ihr irgend eine Art von Ganzheit erwarten. Und zwar haben wir diese nicht im Allgemeinen, im Überschwenglichen zu suchen, sondern wie die Kunst sich immer ganz in jedem einzelnen Kunstwerk darstellt, so sollte die Wissenschaft sich auch jedesmal ganz in jedem einzelnen Behandelten erweisen. [...] Um aber einer solchen Forderung sich zu nähern, so müßte man keine der menschlichen Kräfte bei wissenschaftlicher Tätigkeit ausschließen. Die Abgründe der Ahndung, ein sicheres Anschauen der Gegenwart, mathematische Tiefe, physische Genauigkeit, Höhe der Vernunft, Schärfe des Verstandes, bewegliche sehnsuchtsvolle Phantasie, liebevolle Freude am Sinnlichen, nichts kann entbehrt werden zum lebhaften fruchtbaren Ergreifen des Augenblicks, wodurch ganz allein ein Kunstwerk, von welchem Gehalt es auch sei, entstehen kann.« (»Betrachtungen über Farbenlehre und Farbenbehandlung der Alten« im geschichtlichen Teil) Wem wäre eine solche Integration unterschiedlichster Eigenschaften zum Zwecke wahrer Wissenschaftlichkeit zuzutrauen außer Goethe selbst? Das Credo, das am Ende ganz selbstverständlich ein Attachement zu einer Wissenschaft als einem Kunstwerk offenbart, dürfte vor der Wissenschaft in ihrem Selbstverständnis kaum Gnade finden, und seitens der Fachleute hat es sich denn auch oft genug den Vorwurf des Unernstes oder Dilettantismus, seitens der Kunstadepten den Beifall für eine autonom dichterische Naturerfahrung eingehandelt. Die Hintergründe dieser aufgehobenen Ambivalenz jetzt dahingestellt, zeigt sich, wie Goethes Systematik und Methodik in der Deutung von Licht und Farben aus dem schon damals und bis heute gezogenen Rahmen fällt, wie er die konventionellen Landesgrenzen der fachwissenschaftlichen Disziplin paradoxerweise zugleich respektiert und durchbricht. Es liege in deren Wesen, und es habe auch seinen Reiz, »ins Minutiöse zu gehen«, aber sie verfalle dabei unvermeidlich einer Art Nemesis der Unendlichkeit. Dem Menschen sei aber nur erlaubt, das Mittlere zu erkennen und zu begreifen; das überschaubare Ganze ist nicht grenzenlos. Die Nüchternheit des analytischen Wissens soll sich paaren mit dem Affekt der synthetischen künstlerischen Phantasie, um auch dem ansonsten an die wirkliche Grenzenlosigkeit ausgelieferten Forscher den Genuß einer bewältigten Totalität zu gewähren. Eine derart aufgefaßte Unendlichkeit in Grenzen gleicht in der Tat einem Kunstwerk, das sich bei aller Bedeutungsfülle im intensiv oder unmittelbar Besonderen allein zu behaupten vermag. Und auch die ins System gebrachten Naturerscheinungen sollen mit der ganzen menschlichen Erfahrungswelt verwoben sein zu einem Kosmos – nach dem Muster von Entelechien, Zielgestalten, geprägten Formen, die lebend sich entwickeln. Dem Naturwissenschaftler Goethe entfaltet sich die Farbenwelt in einer Art Farbenenzyklopädie. Für ihn ist das Buch der Natur nicht in Zahlen geschrieben, sondern in Gebilden und Gestalten, die nirgend tot noch stumm sind, am allerwenigsten unsichtbar.

Die Teilnahme an Goethes Exkursion durch die

Farbenwelt wird sicher zum Abenteuer, indem man bald feststellt, daß dieses Spezialgebiet, das auf den ersten Blick Erscheinungen darbietet, die zu den selbstverständlichsten Gegebenheiten der Außenwelt gehören, in der Deutung ihres Entstehens und Zusammenspiels, ihrer gegenständlichen Wirklichkeit und tieferen Gesetzlichkeit eine der bewegendsten Fragen der Naturerklärung überhaupt aufwirft.

Jürgen Teller

Zu dieser Ausgabe

Der Text von Goethes »Erklärungen« folgt der Ausgabe: *Johann Wolfgang Goethe: Sämtliche Werke. Band 23/1: Zur Farbenlehre, hsg. von Manfred Wenzel. Frankfurt am Main: Deutscher Klassiker Verlag 1991.* Gegenüber dem Erstdruck von 1810, *Zur Farbenlehre. von Goethe. Nebst einem Hefte mit sechzehn Kupfertafeln. Tübingen, in der J. G. Cotta'schen Buchhandlung*, wurde der Text dort orthographisch modernisiert (zu den Prinzipien der Textgestaltung s. a. a. O., S. 1097). Goethe verweist mit den Buchstaben E. und P. (sowie der Nummer des jeweiligen Paragraphen) auf den »Entwurf einer Farbenlehre« und den »Polemischen Teil« seines Hauptwerkes.

Die Abbildungen zeigen die Originaltafeln, wie Goethe sie der Ausgabe von 1810 beigegeben hat. Die Tafeln 1 bis 6 sowie 16 und 17 gehören erläuternd zum »Didaktischen Teil« von Goethes *Farbenlehre*, die Tafeln 7 bis 14 (teilweise auch 5 und 6) zum »Polemischen Teil«, Tafel 15 zum »Historischen Teil«.

Die Vorbereitung und Reinzeichnung der Tafeln war von Goethe selbst erledigt worden, die Kupfertafeln fertigte Johann Christian Müller, Lehrer an der Weimarischen Zeichenschule; die Kolorierung übertrug Goethe dem Weimarer Baumeister Karl Friedrich Christian Steiner.

Inhalt

16. Auflage 2023 Gesetzt in der Schrift Garamond. Bezugspapier: Johann Wolfgang Goethe, Farbenkreis zur Symbolisierung des »Menschlichen Geistes- und Seelenlebens«, 1809. Gedruckt auf holzfreies, alterungsbeständiges mattgestrichenes Papier der Firma Inapa, Hamburg, von der Memminger MedienCentrum AG, Memmingen. Gebunden in Fadenheftung von der Josef Spinner Großbuchbinderei GmbH, Ottersweier. Dieses Buch wurde klimaneutral produziert: climatepartner.com/14438-2110-1001. Erste Auflage 1994. Printed in Germany.
ISBN 978-3-458-19140-7. www.insel-verlag.de